Corazón quebrantado es un libro que le dará la vuelta al mundo y será traducido a otros idiomas. Este libro es una gran bendición para el reino. Está súper bien organizado, de manera que no parece el primer libro de un autor, sino uno de los libros estrella de un escritor experimentado. Cuando lo leí no lo hice con el ojo literario, sino con el propósito para el cual fue destinado y confiado al pastor Fernández por nuestro Señor: *"para que mi corazón se incline a Dios todos los días de mi vida"*. Estoy convencido que muchos repetirán lo que digo ahora de corazón: *"Gracias, Señor Jesús por esta joya"*.

Sal Sabino
Hevenly Vision

A toda persona le llega el momento de ser quebrantado por Dios. Si quieres saber el propósito por el cual Dios ha permitido que ese quebrantamiento a tu vida, o si nunca antes has vivido una experiencia como ésta, entonces necesitas leer este libro. Este es un libro que te acerca más a Dios y donde lo conocerás en una dimensión mucho mayor, lo cual te prepara para ser de mayor bendición para el cuerpo de Cristo.

Gracias pastor Roger, necesitábamos un libro que nos hablase a todos tanto a no creyentes como creyentes, y a líderes cristianos, y Dios te dio esa unción y sabiduría para escribirlo.

Apóstol Pablo Fernández
Iglesias Cristianas Fuente de Salvación

Creo que Dios ha colocado en todos nosotros un perfume especial que mediante el proceso de quebrantamiento como aquel frasco de alabastro, podrá liberarse y bendecir a otros. Cuando una persona ha sido quebrantada está marcada; no hay lugar para el orgullo, ni el envanecimiento. Ha pasado por el proceso doloroso del crecimiento. En este libro, el pastor Fernández nos ayuda a tener una comprensión mayor de este valioso y necesario proceso. Es un libro de mucha bendición para el Reino.

Pastor Rafael Montalvo
Iglesia Cristiana
·esidente de la Confraternidad
ngélica Dominicana (Conedo)

D1502448

La mayoría de los productos de Casa Creación están disponibles a un precio con descuento en cantidades de mayoreo para promociones de ventas, ofertas especiales, levantar fondos y atender necesidades educativas. Para más información, escriba a Publicaciones Casa, 600 Rinehart Road, Lake Mary, Florida, 32746; o llame al teléfono (407) 333-7117 en Estados Unidos.

Corazón quebrantado por Roger Fernández
Publicado por Publicaciones Casa
Una compañía de Strang Communications
600 Rinehart Road
Lake Mary, Florida 32746
www.casacreacion.com

A menos que se exprese lo contrario, todas las citas de la Escritura están tomadas de la Santa Biblia Reina Valera Revisión 1960 © Sociedades Bíblicas Unidas, 1960. Usada con permiso.

Las citas de la Escritura marcadas (NVI) corresponden a la Santa Biblia, Nueva Versión Internacional ©1999 por la Sociedad Bíblica Internacional. Usada con permiso.

Las citas de la Escritura marcadas (LBLA) corresponden a La Biblia de las Américas, Edición de Texto, ©1997 por The Lockman Foundation. Usada con permiso.

Las citas de la Escritura marcadas (DHH) corresponden a la Biblia Dios Habla Hoy, 2ª edición © Sociedades Bíblicas Unidas, 1983.

Las citas de la Escritura marcadas (RV95) corresponden a la Santa Biblia Reina Valera Revisión 1995, Edición de Estudio, © Sociedades Bíblicas Unidas, 1995. Usada con permiso.

Las citas de la Escritura marcadas (BLS) corresponden a la Biblia en Lenguaje Sencillo, Copyright © Sociedades Bíblicas Unidas, 2000. Usada con permiso.

Revisión y edición: Nahum Sáez
Diseño interior por: Gisela Sawin
Diseño de portada por: Jerry Pomales

Library of Congress Control Number: 2008934617
ISBN: 978-1-59979-432-7

Impreso en los Estados Unidos
09 10 11 12 * 5 4 3 2

CORAZÓN
QUEBRANTADO

ROGER FERNÁNDEZ

PUBLICACIONES
CASA
A STRANG COMPANY

CONTENIDO

DEDICATORIA

Al Alto y Sublime, Dios todopoderoso.
A mi amada esposa y compañera inseparable, Australia, que ha estado junto a mí en cada momento de mi vida y a mis dos preciosos hijos Roger David y Héctor Eduardo.

AGRADECIMIENTOS

A mis padres por haberme dado la mejor herencia: El conocimiento del Señor Jesucristo.

A mis amados hermanos de la Iglesia Ríos de Restauración y Avivamiento a la cual Dios me ha dado el privilegio de pastorear.

A Fernando Fernández, Johny Brea y Ramón Quezada, con sus esposas por la bendición de pastorear juntos la Iglesia Ríos de Restauración y Avivamiento.

A mi hermano, el pastor Héctor Valentín Fernández, por su motivación.

A mis tíos Pablo y Luis Fernández, por su apoyo, gracias.

A todos aquellos santos hombres de Dios que con sus vidas y ministerios han sido de gran bendición para mí. De manera especial al pastor Pedro Piñeiro (Iglesia Buenas Nuevas), quien ha sido el pastor de nuestra familia y a quien Dios usó para guiarme a servirle en el ministerio pastoral.

PRÓLOGO

Hace unos meses el pastor Fernández se comunicó conmigo para informarme que había escrito un libro titulado *Corazón quebrantado*. En principio pensé que el tema no sería muy popular ni muy atrayente. Sin embargo, después de muchos años de experiencia como predicador, maestro y pastor, he llegado a la conclusión que la experiencia del quebrantamiento del corazón es una de las experiencias más comunes y repetitivas en la vida.

Jesús nos avisó que en esta vida tendríamos aflicciones. Esta no es una gran revelación. Pero hay una diferencia entre personas que han encontrado el propósito de su quebrantamiento y aquellas que todavía no han entendido que a través de las experiencias de dolor, Dios siempre desea darse a conocer en su amor y compasión.

La diferencia no está en el conocimiento o en el entendimiento aunque sea bíblico. En este libro, el pastor Fernández te ofrecerá enseñanza tras enseñanza, ejemplos bíblicos y también testimonios cotidianos vistos en su ministerio. La diferencia real está en el resultado que produce el quebrantamiento: *el acercamiento a Dios en comunión e intimidad.* Como un niño corre a los brazos de su padre cuando está atemorizado, así corre el quebrantado a los brazos del Padre Celestial para recostarse sobre Él y recibir consuelo, amor y seguridad.

Aquellos que han vivido el dolor del quebrantamiento y han recibido la sanidad del corazón en el lugar secreto, tienen otra manera de hablar, otra mirada, otra actitud hacia Dios y hacia su prójimo. En este libro, el pastor Fernández describirá e identificará las características de un corazón quebrantado y te guiará en los pasos del Espíritu hacia la sanidad y restauración.

Hay esperanza para ti. No sigas cargando con el peso de su dolor. Permite que el Espíritu Santo transforme tu vida a través de las páginas de este libro.

Pastor David Greco
Nueva Jersey, EE.UU.

Porque así dijo el Alto y Sublime, el que habita la eternidad, y cuyo nombre es el Santo: Yo habito en la altura y la santidad, y con el quebrantado y humilde de espíritu, para hacer vivir el espíritu de los humildes, y para vivificar el corazón de los quebrantados.

ISAÍAS 57:15

INTRODUCCIÓN

Mucha gente cuando escucha la palabra quebrantamiento se asusta o dice: ¡Dios mío, líbrame de tener que sufrir una experiencia de ese tipo! Sin embargo, siempre que Dios permite que una persona pase por una experiencia de quebrantamiento es porque tiene algo especial para ella. La palabra quebrantamiento se usa de diferentes formas en la Biblia. Se utiliza para referirse a debilitamiento, que en ocasiones lleva a destrucción, y también para hablar de juicio. Por ejemplo Jeremías dice: *"Quebrantamiento sobre quebrantamiento es anunciado; porque toda la tierra es destruida"* (Jeremías 4:20). También en Ezequiel 7:26: *"Quebrantamiento vendrá sobre quebrantamiento, y habrá rumor sobre rumor, y buscarán respuesta del profeta, mas la ley se alejará del sacerdote, y de los ancianos el consejo".*

La palabra quebrantamiento también denota aflicción, dolor, juicio y desgracia. Esta puede venir por una enfermedad o una causa externa. Por ejemplo, Dios le dijo a Israel que si no obedecían a su voz, *"Maldito serás en tu entrar, y maldito en tu salir. Y Jehová enviará contra ti la maldición, quebranto y asombro"* (Deuteronomio 28:19-20).

Entonces, siempre que encontramos esta palabra en la Biblia es para referirse a debilitamiento, deshacer y romper. Quebrantar es debilitar o deshacer todo tipo de fortalezas. En el caso de enfermedad hace referencia a cuerpo debilitado. Aflicción de espíritu, un espíritu debilitado por una situación. También se usa tocante a un espíritu debilitado, sin fortalezas, que es el tipo de quebrantamiento que trataremos en este libro.

Aquí vas a conocer lo que es un corazón quebrantado; cómo Dios produce en el hombre un corazón quebrantado y cómo el carácter del hombre de un corazón quebrantado cambia. Todo ello prepara a la persona para ser un valioso instrumento en las manos del Señor.

Es por eso que deseo invitarte a que juntos leamos esta obra, porque estoy convencido de que Dios tratará con tu vida de una manera muy especial. No tengas ningún tipo de temor en seguir adelante y, si en algún momento Dios le habla a alguna área de tu vida, detente y ora al Señor. Pídele que trabaje en esa área de tu corazón.

Sé que al finalizar de leer esta obra tu vida será otra. Si Dios ha permitido que tomes este libro es porque desea trabajar con tu corazón para hacer algo extraordinario contigo.

Muchas bendiciones y adelante.

Pastor Roger Fernández

1

¿QUÉ ES UN CORAZÓN QUEBRANTADO?

A. Definición

Cuando hablamos de un corazón quebrantado nos referimos a uno que ha sido debilitado. Un corazón cuyas fortalezas han sido removidas, que está rendido a los pies del Señor, dispuesto a recibir y cumplir la voluntad de Dios para sí.

El quebrantamiento provoca en el corazón una actitud que hace al hombre humilde, carente de altivez y libre de todo tipo de temores. Eso le permite escuchar la voz de Dios y serle obediente. Cuando se es quebrantado se está totalmente rendido a los pies del Señor para hacer lo que Él quiera.

Algo importante a señalar es que al hablar de quebrantamiento no nos referimos a debilidad de carácter ni a baja autoestima. Todo lo contrario, el quebrantamiento produce entereza de carácter. Las fortalezas que son derribadas ante el quebrantamiento son: el orgullo, el temor, los argumentos y los paradigmas personales. Esas fortalezas desenfocan al hombre de lo que Dios tiene y espera de él, y le impiden ser obediente a la voz de Dios.

En ocasiones Dios desea tratar con alguien, pero esa persona no abre su corazón. Entiende que no necesita de Dios y que no tiene nada que cambiar, ni mucho menos por qué arrepentirse. En otros casos la persona está tan ocupada que no hay espacio para Dios en su vida. Entonces Dios permite que ciertas situaciones lleguen a esa persona con el fin de sensibilizar su corazón, para poder acercarse a Él.

Quebrantarse es difícil para el hombre porque implica rendir *todo* a Dios, y depender totalmente de Él. El quebrantamiento busca que el hombre rinda a Dios lo que más ama y las cosas que más significado y valor tienen para él.

Dios desea *todo* de nosotros para poder cumplir su propósito en nuestras vidas. A veces, pensamos que hemos rendido todo al Señor, pero cuando Dios nos pide o nos señala ciertas áreas de nuestras vidas, nos resistimos. Esa resistencia refleja que todavía no le hemos entregado esas áreas a Dios. Entonces, si no reaccionamos, Dios permite que ciertas situaciones vengan a nuestras vidas con el propósito de quebrantar nuestro corazón.

Un hombre que pasó una terrible experiencia de quebrantamiento fue Job. Humanamente diríamos que no tenía nada de qué arrepentirse porque era un hombre justo que conocía a Dios. Buscaba el rostro del Señor día a día, y el mismo Dios decía que no había otro hombre como Job. Sin embargo, permitió que Job fuese quebrantado.

En un solo día Job lo perdió todo. Aunque era un hombre justo, algunas actitudes de su corazón afloraron, las que fueron tratadas por el Señor. En ciertos momentos lo vemos justificándose delante de Dios y en otros argumentándole cosas. Sin embargo, vemos cómo toda aquella experiencia lo llevó a una vida de total rendición al Señor. Entonces, después que se humilló y rindió ante Dios, hizo esta oración que restauró su vida:

Yo conozco que todo lo puedes, y que no hay pensamiento que se esconda de ti. ¿Quién es el que oscurece el consejo sin entendimiento? Por tanto, yo hablaba lo que no entendía; cosas demasiado maravillosas para mí, que yo no comprendía. Oye, te ruego, y hablaré; te preguntaré, y tú me enseñarás. De oído te había oído, pero ahora mis ojos te ven.

JOB 42:2-6

17

Se dio cuenta de que aun cuando conocía al Señor, le faltaba mucho más por conocer.

B. Jesús, modelo de quebrantamiento

Es bueno que sepamos que aun el mismo Cristo sufrió el quebrantamiento. Cuando nos detenemos a ver lo que dejó atrás para venir a este mundo, entendemos que toda su vida fue quebrantada. El apóstol Pablo escribe en su carta a la Iglesia de Filipos:

Haya, pues, en vosotros este sentir que hubo también en Cristo Jesús, el cual, siendo en forma de Dios, no estimó el ser igual a Dios como cosa a que aferrarse, sino que se despojó a sí mismo, tomando forma de siervo, hecho semejante a los hombres; y estando en la condición de hombre, se humilló a sí mismo, haciéndose obediente hasta la muerte, y muerte de cruz.

FILIPENSES 2:5-8

Jesús no se aferró a su condición de Dios para decir no, al contrario, la hizo a un lado. Entonces tomó la forma de hombre, bajo la cual se sometió a la voluntad del Padre.

Los momentos más difíciles de nuestro Señor comenzaron en el huerto de Getsemaní hasta el momento de su muerte. Allí experimentó el mayor quebrantamiento que hombre alguno podía soportar en la tierra. Cuando oraba en Getsemaní, lo hacía con fervor e intensidad porque sabía que su momento estaba a punto de llegar. En aquel lugar Jesús sentía que su alma estaba siendo exprimida, su sudor era como gotas de sangre que caían al suelo. En aquel momento Jesús abrazó a su Padre más que nunca y se sometió a su voluntad.

El profeta Isaías dijo:

Despreciado y desechado entre los hombres, varón de dolores, experimentado en quebranto; y como que escondimos de él el rostro, fue menospreciado, y no lo estimamos. Ciertamente llevó él nuestras enfermedades, y sufrió nuestros dolores; y nosotros le tuvimos por azotado, por herido de Dios y abatido.

Mas él herido fue por nuestras rebeliones, molido por nuestros pecados; el castigo de nuestra paz fue sobre él, y por su llaga fuimos nosotros curados.

ISAÍAS 53:3-5

Siendo Rey de reyes y Señor de señores decidió someterse al dolor y la burla de los hombres que lo injuriaban. Fue brutalmente golpeado hasta ser desfigurado, como escribió el profeta Isaías, y todo lo hizo por amor. En el caso de Jesús, el propósito de su quebrantamiento fue darnos salvación. Isaías escribe:

Cuando haya puesto su vida en expiación por el pecado, verá linaje, vivirá por largos días, y la voluntad de Jehová será en su mano prosperada. Verá el fruto de la aflicción de su alma, y quedará satisfecho.

ISAÍAS 53:10B-11A

Nosotros somos el fruto del quebranto de Jesús. Gracias a su aflicción hoy podemos acercarnos a Dios. Es por su sangre que tenemos redención de pecados y podemos acudir a la nueva vida en Cristo Jesús. Cada vez que una persona entrega su corazón al Señor, para recibir perdón por sus pecados, el alma de nuestro Dios se regocija, porque su aflicción sigue produciendo fruto.

C. *Propósitos del quebrantamiento*

El quebrantamiento implica propósitos de parte de Dios en nuestras vidas. Dios no se goza cuando atravesamos experiencias dolorosas. Aunque en ocasiones las permite y en otras, Él mismo las prepara, con el fin de producir en nosotros un corazón quebrantado.

El quebrantamiento no es solamente una experiencia dolorosa y sin sentido. He podido ver personas a las que Dios les ha permitido vivir el quebrantamiento, pero no entienden su propósito. Pasa el tiempo y se les hace difícil salir del desierto que Dios les ha permitido transitar. Eso se debe a que cuestionan a Dios constantemente, se justifican a sí mismas y no le dan espacio para tratar con ellas. Entonces, lo que pudo ser una experiencia que produjera en la persona un corazón quebrantado; sólo se reduce a una vivencia con dolor, lamento y cuestionamiento a Dios.

El quebrantamiento es una muestra del amor de Dios a nosotros porque *permite un acercamiento del hombre a Dios*. Hay personas que quizás nunca se acercarían a Él si no es porque pasan por una experiencia dolorosa, en la que lo único que pueden hacer es recurrir a Dios. Son momentos en la vida en los que parece que todas las puertas se cierran. Es en ese punto cuando la persona acude a los pies del Señor, reconoce su condición y le dice: "Dios mío, aquí estoy delante de ti, eres el único que puede ayudarme".

Otro propósito del quebrantamiento es *hacernos más a la imagen de nuestro Señor Jesucristo*. Uno de los designios de Dios cuando creó al hombre es que este tuviera el carácter que tuvo Cristo cuando vino al mundo. En la medida en que somos quebrantados, Dios va forjando sensibilidad en nuestros corazones y comenzamos a actuar de una manera diferente. Antes de ser quebrantado probablemente estallabas en ira con facilidad. Pero ahora, cuando te ves frente a esas situaciones que te llevaban a airarte te preguntas: "¿Cómo actuaría el Señor Jesús en esta situación?" O le preguntas a Dios: "¿Para qué me sucede esto?" Entonces actúas de una manera diferente y la gente que te rodea se percata del cambio que ha ocurrido en ti.

Cuando somos quebrantados, nuestra vasija se rompe y brota el perfume de Cristo. Ese aroma es el que llamamos la actitud de Cristo. En algún momento de tu vida pasarás por un Getsemaní, quizás ahora mismo lo estés atravesando. Recuerda, aférrate al Señor más que a nada. Pídele que te fortalezca y sentirás su presencia fortalecedora a tu lado.

Un tercer propósito del quebrantamiento es *inducirnos a aceptar la voluntad del Señor en nuestras vidas*. El quebrantamiento nos ayuda a romper con argumentos y fortalezas que muchas veces no nos permiten ser obedientes a la voz de Dios. Cuando ya no hay más argumentos, le dices a Jesús: "No es como yo quiero, sino como tú deseas". Entonces Dios te dice: "Ahora estás listo, puedo trabajar contigo".

Esa fue la misma experiencia que tuvo Saulo, a quien luego conocemos como el apóstol Pablo. Este individuo persiguió a la iglesia del Señor por mucho tiempo. Era un hombre fiero y celoso de la ley de Dios. Debido a esto, llevó a muchos creyentes a convertirse en mártires de la fe, acusándoles de transgredir la verdadera ley de Dios. Muchas familias fueron llevadas a la muerte por la persecución que se levantó contra la iglesia, todas dirigidas por Saulo (Hechos 8:3). Lo peor de todo era que él pensaba que con eso agradaba a Dios. Por eso tuvo que confrontarlo y quebrantar su corazón.

De camino a Damasco Saulo tuvo su encuentro con el Señor. El mismo Señor irrumpió en su vida. Saulo vio aquellos rayos de luz característicos de la presencia del Señor, cayó al suelo y oyó una voz que le dijo:

> *Saulo, Saulo, ¿Por qué me persigues? Y entonces Saulo le pregunta: ¿Quién eres Señor? Y le dijo: Yo soy Jesús, a quien tú persigues; dura cosa te es dar coces contra el aguijón.*
>
> Hechos 9:4-5

Estas palabras quebrantaron el corazón de Saulo, y entonces vino la respuesta de un corazón quebrantado: *"¿Qué quieres que yo haga?"* (Hechos 9:6b). El hombre fiero quedó sin argumentos y sin vista, tuvo que ser guiado por otro. Ahora Saulo no sería dirigido por el celo enfermizo que lo llevó a quitarle la vida a mucha gente, sino por un ferviente amor al Señor que lo convertiría en un ganador de almas. Su vida sería guiada por el Señor, que hasta el nombre le cambió, por eso lo conocemos como Pablo. Dios le dio una revelación fresca y clara de la Escritura y se convirtió en el arquitecto de la Iglesia neotestamentaria.

D. *Maneras que Dios usa para quebrantar el corazón*

Es bueno que sepamos que Dios usa muchas maneras para producir en nosotros un corazón quebrantado. Una de ellas es su **obstinado amor**. La Biblia dice:

Porque de tal manera amó Dios al mundo, que ha dado a su Hijo unigénito, para que todo aquel que en él cree, no se pierda, mas tenga vida eterna.

JUAN 3:16

Dios espera —a través del quebrantamiento— una respuesta en la vida del hombre. La espera con amor. Mediante su Hijo Jesucristo Dios nos muestra cuánto nos ama y, fruto de ello, espera que nos acerquemos a Él.

Tristemente la mayoría de las personas no aprovechan esta manera en que Dios les llama. El deseo de Dios es revelarse a la vida del hombre y que este pueda disfrutar de todo lo que Él tiene. Cuando el hombre no aprovecha el llamado que Dios le hace con cuerdas de amor, permite que las situaciones dolorosas lleguen a su vida.

Muchas veces no se entienden, pero dan su fruto, porque a través de ellas, el hombre se acerca a Él. Probablemente ahora estés pensando: ¿Por qué tiene que ser así? ¿Qué Dios es este que permite que esto me suceda? Pues, es un Dios que te ama tanto que desea que te acerques a Él y disfrutes de todas sus bendiciones. Es probable que si no fuera por lo que estás viviendo ahora, nunca te acercarías a Él. Sin embargo, es mejor pasar por un breve tiempo de dolor en la vida, que perdernos lo que Él tiene para nosotros.

Son muchas las personas que me han dicho: "Pastor, ¡cuántas oportunidades me dio Dios!, y nunca las aproveché". En una ocasión predicando en Venezuela, un joven pasó a recibir a Cristo sentado en una silla de ruedas. Al final se me acercó y me dijo: "Pastor, la primera vez que vine a esta iglesia vine por mis propios pies, pero no aproveché esa oportunidad que Dios me dio. Sin embargo, mire como tuve que recibir a Cristo". Recuerdo que le dije: "Lo más importante ahora no es cómo hayas venido, sino que estás en Él".

Otra manera que Dios usa para producir en nosotros un corazón quebrantado son *las circunstancias*. Esos momentos en nuestras vidas en que perdemos todo y lo único que nos queda es Dios. En la mayoría de las ocasiones, esos momentos vienen a nuestras vidas por vivir de espalda a Dios, resistiéndonos a su voluntad y haciendo las cosas como queremos.

La Biblia nos narra la historia de Jacob. En los capítulos 27 al 33 del libro de Génesis encontramos parte de su historia. En ella vemos cómo ese hombre es quebrantado por el Señor a través de las circunstancias, como fruto de tomar decisiones sin considerar a Dios.

Jacob fue el menor de dos hermanos gemelos, de los cuales uno recibiría la promesa del pacto abrahámico, que decía que en la simiente de Abraham serían benditas todas las familias de la tierra. Dios escogió a Jacob como heredero del pacto, a pesar de que su hermano Esaú había nacido primero. Dios dijo: *"El mayor servirá al menor"* (Génesis 25:23). Sin embargo, Jacob quiso ayudar a Dios para que eso se cumpliera.

Un día, su padre Isaac llamó a su hijo Esaú para darle la bendición del primogénito. Su madre Rebeca se enteró y, como Jacob era su preferido, preparó una trampa para ayudarlo a obtener la bendición. Así lo hicieron, cuando Esaú se vio burlado por Jacob, juró que un día mataría a su hermano.

Jacob, por temor, tuvo que salir huyendo de la casa de sus padres y, por consejo de su madre, se fue a casa de un tío llamado Labán. Cuando llegó a casa de Labán, tuvo que trabajar por espacio de veinte años. Durante ese tiempo fue víctima de engaño por parte de su tío, trabajando prácticamente gratis.

Jacob se enamoró de Raquel, una las hijas de su tío. Este se la ofreció a cambio de siete años de trabajo. Pero, en la noche de bodas, le entregó a Lea, su hija mayor, en lugar de Raquel.

La costumbre de aquel lugar era que la hija mayor tenía que casarse primero. Raquel era menor que Lea, pero su tío no le dijo nada al respecto. Entonces Labán le ofreció también a su hija Raquel a cambio de siete años más de trabajo, lo cual aceptó porque era la mujer que amaba. Después de aquellos catorce años, hicieron un contrato de trabajo que Labán cambió en tres ocasiones.

Pasados aquellos años, Jacob decidió volver a la casa de sus padres e inició el viaje de regreso a la tierra de Canaán, lugar del pacto y la promesa. Mientras viajaba a Canaán, recibió la noticia de que su hermano Esaú venía a recibirlo con una comitiva de cuatrocientos hombres. Aquel día Jacob tuvo gran temor y su alma se angustió porque entendía que su hermano venía a buscar venganza.

Entonces, como parte de una estrategia para salvar su vida, decidió distribuir al pueblo que traía consigo. Sus cuatro mujeres, sus hijos, las riquezas que tenía, así como también las personas que le servían. Primero envió regalos para tratar de persuadir al corazón de su hermano Esaú. Luego distribuyó sus ganados en tres grupos, para que llegaran delante.

Después envió a sus dos mujeres con las dos siervas y sus hijos, por si los presentes y el ganado no sensibilizaban a Esaú, al menos sus mujeres e hijos sí. Al final se quedó solo para tratar de salvar su vida.

¡Qué momento más difícil para Jacob! El hombre que había pasado toda su vida saliéndose con la suya, en una noche vio ante sus ojos la posibilidad de perderlo todo y quedarse sin nada. Lo único que tenía era a Dios.

Únicamente se reconoce que Dios es todo para la persona, cuando es lo único con que ella puede contar. Muchas veces le decimos a Dios que es todo para nosotros, que lo amamos más que a nada y que confiamos plenamente en Él. Sin embargo, nuestras actitudes y decisiones reflejan todo lo contrario.

A pesar de las promesas que Dios le había hecho, Jacob seguía luchando con sus fuerzas. Se olvidó de aquel encuentro que tuvo con Dios cuando estaba en Betel (Génesis 28:12-16) donde Dios le confirmó el pacto y la promesa. También había olvidado que cuando su suegro Labán venía contra él, después que salió de su casa, Dios le habló a Labán y le dijo: *"Ten cuidado de cómo le hablas a Jacob"* (Génesis 31:24, 29). Todavía más, cuando había terminado de hacer el pacto con su suegro; los ángeles le habían salido a su encuentro, en señal de que Dios estaba con él.

Pero aun así Jacob no entendía el plan de Dios con su vida. Muchas veces nos ocurre como a Jacob. Pasamos parte de nuestras vidas luchando con nuestras fuerzas, y no le damos espacio a Dios para que actúe en nuestras vidas. Pareciera que le dijéramos al Señor: "Te voy a ayudar, tú no puedes solo", y no nos detenemos a preguntarle qué está tratando de decirnos.

Es entonces cuando Dios tiene que llevarnos a Peniel [Rostro de Dios] para que nos rindamos a Él, y no luchemos más con nuestras fuerzas. Génesis 32:22-32 nos narra la historia de la noche más difícil de Jacob. En una sola noche lo perdió todo. Un varón (el ángel del Señor) se le apareció y peleó con él. Cuando ya amanecía, viendo aquel varón que no podía con él, le desencajó un músculo y Jacob cayó al suelo.

En aquel momento Jacob, como nunca antes en su vida, se vio derrotado y sin fuerzas, y fue entonces cuando se abrazó fuertemente de aquel varón. El varón le pidió que lo soltara, entonces Jacob le dijo: *"No te dejaré si no me bendices"* (Génesis 32:26). Jacob se quebrantó. Pensaba dentro de sí: "Ya me lo has quitado todo. Probablemente mi familia ya esté muerta y mis riquezas repartidas como botín". Se vio absolutamente sin nada, y tuvo que clamar al Señor.

Entonces el varón le preguntó: *"¿Cuál es tu nombre?"* Jacob le respondió: *"Jacob"* o engañador, que es lo que significa su nombre. Entonces el varón le dijo: *"No se dirá más tu nombre Jacob, sino Israel; porque has luchado con Dios y los hombres, y has vencido"* (Génesis 32:28).

Esto parece hasta un tanto contradictorio, porque en ningún cuadrilátero nadie que cae al suelo se supone que gane la lucha. Sin embargo, con Dios, es todo lo contrario. Cuando somos quebrantados, nos humillamos, reconocemos nuestra condición y nuestro orgullo es derribado entonces es que hemos vencido.

Peniel significa "rostro de Dios". En aquel lugar Jacob vio a Dios cara a cara. Siempre que un hombre se encuentra frente a Dios su vida queda desnuda. No puede ocultar nada de lo que hay en su ser interior. Aquella experiencia cambió la vida de Jacob y lo preparó para recibir la bendición del Señor.

El profeta Oseas, cuando habla de ese suceso, dice que Jacob venció al ángel con *"lloro y ruego"* (Oseas 12:4). Jacob se humilló delante del

Señor con lloro y su ruego. Reconoció que durante toda su vida había sido un Jacob (engañador), pero desde ese día no lo sería más. Ahora sería alguien que estaría al lado del Señor, dependiendo de Él y dándole espacio para hacer las cosas como Él desea.

Si en algún momento de tu vida, has perdido todo y quienes te rodeaban se marcharon, es una buena oportunidad para que te acerques al Señor. No trates de luchar con Dios con argumentos y preguntándole: ¿Por qué te suceden estas cosas? Sólo acércate al Señor y dile que deseas rendirle tu vida.

En aquel amanecer, el corazón de Jacob fue quebrantado, pero también fue libertado, sanado y restaurado. Dios lo preparó para el encuentro con su hermano mayor. La palabra que Dios le había dado a Jacob fue cumplida. Algo importante es que mientras Dios trató con Jacob también lo hizo con Esaú. Preparó su corazón para el encuentro con su hermano Jacob, y cualquiera que haya sido el plan de Esaú, aquella noche también fue cambiado. Al día siguiente cuando se encontró con Jacob; se abrazó a él, lo besó y lloraron juntos (Génesis 33:4).

Dios a veces permite que te veas en circunstancias difíciles. Lo hace para que te acerques a Él. Sin embargo, a pesar de eso hay personas que aun así no se quebrantan. Entonces Dios permite que situaciones más graves lleguen a sus vidas. Es por eso que Dios, en ciertas ocasiones, permite que a nuestros cuerpos vengan enfermedades.

Entienda esto, no es Dios quien dice: "Te voy a enfermar para que te acerques a mí y me obedezcas". Pero a veces permite que esas enfermedades le lleguen al hombre para que reflexione y pueda acercarse a Él. ¡Qué difícil es cuando se recibe una noticia sobre una enfermedad de la cual la ciencia no tiene cura! Eso aflige el corazón de cualquier persona.

A veces se cuenta con recursos para recibir tratamientos médicos, pero aun así las esperanzas son muy pocas. Entonces es cuando el hombre, en su estado de vulnerabilidad, se hace sensible a la voz de Dios. Levanta su mirada hacia el cielo y clama al Señor por misericordia.

Son esas experiencias dolorosas las que permiten que el corazón se haga sensible a la voz de Dios. Dios lo hace para que el hombre pueda entender su propósito. A veces, Dios nos ha hablado de diferentes maneras y somos indiferentes a su llamado. Entonces permite estas experiencias para que hagamos un alto en nuestras vidas.

A mediados del año 2007 escuché el testimonio de Freddy Beras Goico, el hombre más influyente de los medios de comunicación en la República Dominicana. Ese señor, a través de sus programas de comedias y variedades, menospreciaba con sus chistes a los cristianos, hasta que tuvo un encuentro con Dios.

En un programa de televisión, pude escuchar de sus propios labios su experiencia con Cristo Jesús. ¿Qué sucedió? Una enfermedad incurable le hizo acercarse a Dios. Cuando lo escuchaba hablar se me hacía difícil creer que fuera él quien hablara. Hoy es notable el cambio que se ve en su vida. Es impresionante cómo Dios lo está usando en los medios de comunicación para bendecir a mucha gente hablando del amor de Dios.

Pero no siempre a quienes Dios permite atravesar este tipo de quebrantamiento responden de la misma manera. Tal fue el caso de del padre de Margaret Ponce, una mujer que contribuyó con nuestro ministerio en sus inicios.

Éste era un hombre de carácter hostil y muy renuente a Dios. Pero a través de una enfermedad mortal se acercó a Dios y Él en su misericordia le devolvió la salud. Cuando Don Lorenzo vio su salud restaurada y que todo aquel quebranto había pasado, le dio la espalda al Señor.

Este hombre recibió consejo de todos los que le rodeaban. La gente le recordaba lo que había vivido y lo misericordioso que Dios había sido para con él. Sin embargo, aquel hombre mantenía su carácter hostil como lo hacía anteriormente. Un día su hija se le acercó y le dijo: "Papá, si Dios te mostró su misericordia, no te olvides de Él, o por lo menos, trata de tener un mejor trato hacia los demás. Recuerda que durante tu aflicción la gente se acercó a ti y te apoyó. Además Dios no puede ser burlado". La respuesta de aquel hombre fue: "Mi hija yo soy un roble y sólo caemos cuando somos cortados".

Pasó el tiempo y aquel hombre volvió a caer en cama. Su quebranto fue mayor que el primero, pero en ese estado él pudo arrepentirse y acercarse nuevamente al Señor. Durante esa dura etapa de su vida él pudo desprenderse de todo aquel carácter hostil que había desarrollado durante toda su vida. Dios lo preparó, y se lo llevó a su presencia.

Muchas veces Dios da la oportunidad para que el hombre le sirva aquí en la tierra, algunos la aprovechan y otros no. Entonces, para que esa alma no se pierda, mejor la lleva a su presencia.

Otra manera que Dios usa también para producir en nosotros un corazón quebrantado es su palabra. La Biblia dice en Hebreos 4:12:

Porque la palabra de Dios es viva y eficaz, y más cortante que toda espada de dos filos; y penetra hasta partir el alma y el espíritu, las coyunturas y los tuétanos, y discierne los pensamientos y las intenciones del corazón.

Dios se revela al hombre a través de las Escrituras. En ellas, le hace ver al hombre su condición de pecador. Su palabra penetra hasta lo profundo del corazón y el alma, y provoca cambios en la condición de la persona. Una de las cosas que he aprendido es que la Palabra de Dios no necesita ayuda. Ella misma, como dice la Biblia, cumple el propósito para el cual es enviada. El Espíritu Santo de Dios respalda la palabra y toca el corazón del hombre.

Tristemente encontramos personas que ni siquiera así se sensibilizan y se acercan a Dios. Hay los que conocen la Biblia desde Génesis hasta Apocalipsis, pero sus corazones están muy lejos del Señor. Cuando se acercan a ella, lo hacen para contender, para señalar, para criticar o para cuestionar a Dios.

En ocasiones Dios también usa las catástrofes para producir quebrantamiento en el corazón del hombre. Está comprobado que en tiempos difíciles es cuando el hombre más busca del Señor. Hay lugares en los que Dios ha permitido que ocurran situaciones catastróficas con el fin de que los hombres miren a Dios. Entonces, cuando suceden, los hombres miran hacia arriba y se acuerdan que hay un Dios.

Todo el mundo recuerda aquella situación catastrófica que sufrió los Estados Unidos de Norteamérica el 11 de septiembre de 2001. Aquellas imágenes de dolor consternaron el mundo completo. Sin embargo, algo que provocó aquel suceso fue que la gente buscara del Señor. Unos pastores amigos míos del estado de New York me compartían que la gente estaba sensible a Dios y muchos visitaron las iglesias.

Cuando Jonás pregonaba en la ciudad de Nínive que vendría destrucción, los hombres se acercaron a Dios. El rey convocó ayuno y hasta los animales ayunaron (Jonás 3:6-10); y el Señor les perdonó. En los momentos de adversidad, el hombre se da cuenta de cuán débil es y por eso se acerca a Dios.

Algo que debe producir gozo en nosotros es que siempre que somos quebrantados, es porque Dios tiene algo especial para nosotros. Cuando en nuestra alma se derriba una fortaleza es porque Dios va a derramar una gran bendición en nuestras vidas.

E. *Cómo aprovechar el quebrantamiento*

Quisiera darte algunas herramientas que pueden ayudarte cuando pases por una experiencia de quebrantamiento. Te pueden ayudar para hacer de ese proceso, un tiempo corto, pero con muy buenos resultados.

1. *Reconoce tu condición.* Esto se trata de acudir delante del Señor y preguntarle qué área desea mejorar en tu vida. Una vez la identificas, y la reconoces, te das cuenta de que ciertamente amerita un cambio en tu vida.

Esta es la primera etapa del quebrantamiento, pero por lo regular es una de las más difíciles. A la mayoría de las personas les cuesta reconocer cuando las cosas no están marchando de la mejor manera en un área específica de su vida. Para Job fue la etapa más difícil en su experiencia de quebrantamiento. Pero cuando lo logró, todo marchó de manera acelerada en su proceso de restauración.

Entonces, la próxima vez que estés quebrantado, pídele al Señor que te muestre cuál es el área que necesitas cambiar o mejorar. Eso hará tu sufrimiento mucho más breve y con propósito en tu vida.

Hay personas a las que Dios les ha permitido pasar por una experiencia de quebrantamiento, sin embargo, todavía no han podido salir de ella. Déjame decirte algo, llevan hasta años en las mismas, pero todavía no han podido avanzar en esos procesos de sus vidas. La razón es muy sencilla, todavía no han querido reconocer su condición en el área que Dios desea tratar con sus vidas. No han tomado la actitud correcta.

En una ocasión un joven de nuestra congregación estuvo atravesando una situación económica muy difícil. Todas las puertas de bendición comenzaron a cerrárseles. Aquel muchacho comenzó a orar a Dios por su situación, sin embargo, su situación se agravaba cada día.

Comenzamos a orar y caminar junto a él en aquel proceso que Dios le estaba permitiendo vivir. En la medida que compartíamos con él, empezamos a notar serias debilidades en su carácter. Era una persona que tenía problemas con la mentira. Aparte de esto, tenía una tendencia a hacer compromisos financieros y luego no los honraba. Lo peor de todo era que él no reconocía su condición y su situación se agudizaba cada día.

Hablábamos con él mostrándole el propósito de Dios para con el carácter del hombre, pero no quería admitir su condición. La situación llegó a un punto donde lo perdió todo y seguía manteniendo la actitud de no reconocer su condición. Aquel joven terminó abandonando nuestra congregación y nunca se dispuso a ser tratado por el Señor.

Frente a experiencias que nos llevan al quebrantamiento es muy común que cuestionemos a Dios. Pero recuerda, el quebrantamiento tiene valiosos propósitos de parte de Dios, que te llevarán a un nuevo nivel en el Señor.

2. *Disponte a cambiar.* Una vez Dios me permite identificar el área que desea tratar en mí, y reconozco mi condición, entonces viene el segundo paso: Debo estar dispuesto a un cambio en mi vida. Dios tuvo que permitirle a Jacob una experiencia en la que tuvo que aprender a no depender de sus fuerzas. Finalmente se sensibilizó tanto ante el cambio, que Dios hasta el nombre le cambió.

Sensibilizarse a los cambios no es fácil, pero cuando lo haces habrás dado un gran paso de crecimiento en tu vida. A muchos les cuesta, pero recuerda que cuando Dios trae cambios es porque algo especial viene.

3. *Disponte a ceder.* Para cambiar se debe estar dispuesto a ceder; probablemente un hábito, que se ha mantenido o practicado durante muchos años, o también una posición que se ha defendido durante mucho tiempo, o algo a lo que se ha estado aferrado durante gran parte de la vida.

El apóstol Pablo era un hombre celoso y conocedor de la ley de Dios. Pero en su quebrantamiento tuvo que ceder el conocimiento que había adquirido, para recibir la revelación clara del evangelio del Señor. Después de haber sido instruido a los pies del maestro Gamaliel, fue tres años al desierto para ser capacitado por el Señor (Gálatas 1:15-18). Pero ese tiempo le preparó para ser el maestro y misionero que llevó el evangelio por toda Asia y Europa.

4. Llénate del Señor. Una vez cedo, me apropio de lo que Dios desea en mi vida. Eso habla de permitirle al Señor que ponga su carácter en esas áreas de nuestras vidas para que seamos más como Él. Entonces cuando Él llena esos espacios en nuestras vidas, somos transformados a su imagen y nos lleva hacia lo que quiere darnos.

Es posible que el Espíritu Santo de Dios esté hablando a tu corazón en esta hora. Has comenzado a entender por qué estás viviendo esas experiencias en esta hora. Deseo invitarte a que quizás por primera vez ores al Señor y le digas que deseas comenzar una relación personal con Él. Es muy sencillo, sólo tienes que decirle: *"Señor Jesús, en este momento te rindo mi corazón. Yo te recibo como mi Señor y desde esta hora te rindo mi voluntad. No comprendo estas experiencias, pero gracias porque me han acercado a ti. Perdona mis pecados y haz conmigo como quieras. ¡Amén!"*

Ahora has nacido de nuevo. El trato de Dios contigo continúa. En los próximos capítulos trataremos sobre el carácter y la actitud de aquel cuyo corazón ha sido quebrantado. Abre tu espíritu para que Dios trate contigo y puedas tener un corazón quebrantado que te permita experimentar dimensiones gloriosas en el Señor. Los próximos capítulos te mostrarán en qué área Dios tiene que sensibilizar tu corazón para que su obra sea completa en tu vida. ¡Adelante! La obra del Señor apenas comienza.

Para reflexionar

1. ¿Cuáles son las cinco cosas que más valoras y aprecias actualmente en tu vida?

2. ¿Podrán en algún momento esas cosas constituirse en un impedimento para obedecer al Señor?

2

EL CORAZÓN QUEBRANTADO
SABE PERDONAR

Entonces se le acercó Pedro y le dijo: Señor, ¿cuántas veces perdonaré a mi hermano que peque contra mí? ¿Hasta siete? Jesús le dijo: No te digo hasta siete, sino aun hasta setenta veces siete.

MATEO 18:21-22

Una de las acciones más difíciles para el ser humano es perdonar. La naturaleza humana se resiste a ello, sobre todo cuando se ha afectado lo que se ama y es de gran valor para la persona. También cuando proviene de la persona que menos se espera que pueda producir una herida.

Hoy en día encontramos personas que llevan en su corazón heridas profundas. Aun dentro de la iglesia del Señor encontramos muchos creyentes con profundas raíces de amargura. La causa de esto es precisamente la falta de perdón en el corazón.

A. *Consecuencias del resentimiento*

La gente no se imagina cuánto afecta en el diario vivir la falta de perdón. Aun la manera en que tratamos a los demás refleja si tenemos rencor contra algo o alguien. Son muchas las personas que no pueden recibir lo que Dios tiene para sus vidas debido a la falta de perdón y las frustraciones en sus vidas.

Las heridas afectan de manera negativa al corazón de las personas, aun desde que son niños. Es más, las heridas que más afectan son aquellas producidas durante la infancia ya que inciden en el carácter de la persona. Hay personas que obedecen a ciertos tipos de temperamentos por experiencias que marcaron su vida a temprana edad.

Satanás trata de frustrar la vida del hombre aun desde antes de este nacer. Algunos no se aceptan a sí mismos porque sus padres en un momento desearon que no nacieran. Otros se criaron en hogares disfuncionales viendo a un padre abusando de una madre y maltratando a sus hijos.

Todas esas vivencias marcan la vida de la persona de manera negativa. Crean frustraciones, desconfianza, temores, baja autoestima, todas ellas raíces de amarguras. Además se crece con resentimientos contra los padres, y hasta contra Dios, por haber permitido que naciéramos en hogares de ese tipo. Más penoso aun es cuando, habiendo esos sentimientos, no se está dispuesto a perdonar.

Hay personas que nunca logran desarrollarse en la vida debido a la falta de perdón. Eso se convierte en una limitante que no les permite avanzar, porque les ha afectado su temperamento negativamente. A pesar de ser muy buenos profesionales, tienen dificultades para relacionarse con los demás de una manera correcta. Han desarrollado un carácter que los lleva a tratar a los demás con aspereza, creando barreras en su entorno. Cuando un corazón está lleno de amargura se refleja en la manera de hablar, porque de la abundancia del corazón habla la boca (Mateo 15:18).

A otros la falta de perdón les ha afectado tanto que han desarrollado una actitud negativa frente a la vida. No confían en nadie y piensan que lo que puedan hacer, realmente no tiene mucho sentido. Están tan marcados, que a menudo les llegan a la mente escenas de dolor que vivieron durante su niñez. Otros, en determinados momentos, fueron traicionados o decepcionados por alguien a quien amaban, lo que les ha dejado frustración.

Es probable que diga en este momento: "Pero la vida que yo llevo ahora no es mala. Reconozco que hay algunas personas con las que no estoy dispuesto a lidiar... prefiero que las cosas se queden tal y como están".

Sí, pero la buena vida se vive cuando estamos en paz con el Señor, lo cual logramos cuando podemos amar sin rencor a todos los que nos rodean. Cuando anhelamos vivir conforme a Su voluntad la vida es mucho mejor, porque en las manos de Dios hay mejores cosas. El apóstol Pablo señala que:

Cosas que ojo no vio, ni oído oyó, ni han subido en corazón de hombre, son las que Dios tiene preparadas para aquellos que le aman.

1 CORINTIOS 2:9

B. *Un corazón sano*

Mientras más sano esté tu corazón, mucho mejor será tu calidad de vida. Salomón escribió: *"Con toda diligencia guarda tu corazón, porque de él brotan los manantiales de la vida"* (Proverbios 4:23, LBLA). De manera que como esté tu corazón, así será tu calidad de vida.

A veces arrastramos un resentimiento contra alguna persona por muchos años. Eso se convierte en un cáncer que va dañando el ser interior. Rick Warren, en su libro *Una vida con propósito,* comenta que el resentimiento a quien más afecta es a la persona que lo lleva. Porque es posible que contra quien se tenga resentimiento no sepa nada, pero el que lo lleva se acuerda de ello día a día. Es algo que no se puede sacar de la mente, y cada vez que se recuerda a esa persona, sigue hiriendo la mente y el corazón.[1]

Mucha gente cree que el tiempo cura las heridas. Sin embargo, es todo lo contrario, las empeora. Mientras más se trata de ignorar las heridas y el dolor, estas van haciendo raíces más profunda en el ser interior.

Por otra parte, cuando no se admite la existencia de una herida, esta no sana. Probablemente se olvide por un breve lapso de tiempo. Pero es algo que está todavía latente, por lo que en cualquier momento surge y se manifiesta con palabras hirientes.

1. Warren, Rick, *Una vida con propósito*, Editorial Vida, Miami, FL, 2002, p. 27.

Recuerdo que en una ocasión traté con un joven de nuestra congregación. El muchacho fue abandonado por su padre desde que tenía dos años, lo que afectó notablemente su carácter. Este muchacho era una persona con una autoestima muy baja. Le interesaba muy poco desarrollar su vida y eran muy pocas sus aspiraciones.

Comenzamos a tratar con él, mostrándole en la Biblia quién era él en su relación con Dios. Poco a poco comenzamos a ver ciertos resultados. Sin embargo, cuando le hablé acerca de la necesidad de perdonar a su padre, su corazón se cerró y su progreso se detuvo. Era mucho el resentimiento que tenía en su corazón, pero seguimos orando juntos al Señor.

Un día, mientras celebrábamos el culto dominical en la noche, el Espíritu Santo tocó su corazón de una forma especial. Le hizo ver la necesidad de perdonar a su padre. Al salir del culto pasó toda la noche en oración pidiéndole perdón a Dios por el resentimiento que sentía contra su padre. El joven cambió la actitud de su corazón y decidió perdonar a su padre.

Luego pude ver cómo la vida de ese joven comenzó a cambiar de manera acelerada. Su autoestima empezó a crecer y aquel muchacho al que no le interesaba terminar la secundaria, hoy es un estudiante universitario. Su calidad de vida comenzó a cambiar y Dios le ha estado abriendo muchas puertas de bendición.

Perdonar es una decisión que se toma desde lo más profundo del alma. Es cuando se decide que ese acto o persona que nos causa dolor, no tendrá más espacio en nuestro corazón.

C. *Cuida tu corazón*

Cuida mucho tu corazón. El corazón se afecta con facilidad, y ¡cuán difícil es sanarlo! Debemos ser celosos con aquello a lo que le prestamos nuestros ojos y oídos ya que estos son el medio que más afectan al corazón. Salomón nos aconseja: *"No prestes atención a todo lo que se dice, y así no oirás cuando tu siervo hable mal de ti, aunque bien sabes que muchas veces también tú has hablado mal de otros"* (Eclesiastés 7:21-22, NVI). Mientras más cuidado se tenga de lo que se escucha, menos posibilidad se tendrá de dañar el corazón.

Hay gente que se acerca supuestamente para abrirnos los ojos brindándonos ciertas informaciones. Sin embargo, lo que estas provocan es prejuicio y predisposición hacia quienes quizá no nos han hecho ningún mal. No les prestes tus oídos a personas que quieran hablarte mal de otros. Nuestros oídos son para escuchar buenas noticias y nuestros labios para bendecir.

D. *A Dios le interesa tu sanidad*

Dios desea sanar la herida de tu corazón. Pero debes tomar en este día la firme decisión de perdonar a los que te hicieron mal. Nadie puede tomar esa decisión por ti. La Biblia dice en Lucas 4:18:

El Espíritu del Señor está sobre mí, por cuanto me ha ungido para dar buenas nuevas a los pobres; me ha enviado a sanar a los quebrantados de corazón; a pregonar libertad a los cautivos, y vista a los ciegos; a poner en libertad a los oprimidos. Y luego Jesús dijo: Hoy se ha cumplido esta Escritura.

Jesús leyó esto haciendo referencia a lo que el profeta Isaías (61:1-2) había dicho de su ministerio setecientos años antes. Por eso cuando terminó dijo: *"Hoy se ha cumplido esta Escritura"*. Cristo vino para sanar, libertar, restaurar y dar libertad a los oprimidos. Comenzó hace más de dos mil años y sigue haciéndolo hoy.

E. *Jesús, modelo de perdón*

La mejor muestra de amor nos la dio nuestro Señor Jesucristo en la cruz. Mientras la gente lo injuriaba, y se burlaba de Él, Jesús dijo: *"Padre, perdónalos porque no saben lo que hacen"* (Lucas 23:34). Jesús tenía todas sus razones para declarar juicio sobre aquellos hombres, pero no lo hizo. Todo lo contrario, los perdonó, ese fue el ejemplo que nos dejó para que nosotros le siguiéramos.

Ten pendiente que sin ofensa no hay perdón y sin perdón no hay evangelio. Si hoy sirves al Señor, es porque Él te perdonó, por tanto Él te manda a perdonar de la misma forma en que lo hizo por ti. De manera que, cada vez que eres ofendido, tienes la oportunidad de ser como Jesús.

F. *Lo que nos impide perdonar*

A veces hay fortalezas en nuestras vidas que no nos permiten perdonar, el orgullo es una de ellas. Siempre estamos esperando que sea la otra persona que venga a nosotros y se humille. No precisamente para perdonarles; más bien, para saciar nuestro ego y decir: "Yo tenía razón".

Una de las virtudes del corazón quebrantado es que sabe perdonar. No hay fortalezas de orgullo, ni temor a lo que otros puedan decir. Sus fortalezas han sido puestas a un lado y lo único que desea es ser como Jesús. Si queremos agradar a Dios tendremos que humillarnos y permitirle que quebrante nuestro ego para ser obedientes a su voz.

G. *La bendición de perdonar*

Perdonar es una gran bendición, cuántas puertas se nos abren cuando lo hacemos. Cuando somos capaces de hacer a un lado todo dolor del pasado, no importando cuánto nos haya afectado, ese acto nos trae mucha bendición.

La vida de Job fue restaurada cuando oró y perdonó a sus amigos (Job 42:10). Luego que hubo orado por ellos y haber sacado cualquier herida que albergara en su corazón, Dios bendijo su vida. Toda aquella aflicción desapareció y su postrer estado fue mayor que el primero (Job 42:12).

La falta de perdón puede ocasionar enfermedades físicas y emocionales. Santiago nos dice: *"Confesaos vuestras ofensas unos a otros y orad unos por otros, para que seáis sanados"* (Santiago 5:16, RV95). Cuando puedes sacar una herida de tu corazón, recibes sanidad de parte del Señor. La vida adquiere otro sentido porque nuestro futuro no es guiado por nuestro pasado. Cuando la vida es guiada por el pasado se vive con muchos temores y frustraciones. Pero cuando somos sanados vivimos para aquello que Dios tiene trazado para nosotros.

H. *El corazón quebrantado frente a sus ofensores*

Dios provoca cambio en el corazón de aquel que ha sido quebrantado. Mientras estemos en este planeta seremos ofendidos. Lo que marca la diferencia es la actitud que tomemos ante las ofensas. Si somos quebrantados, siempre estaremos dispuestos a perdonar a aquellos que nos han ofendido. No guardamos rencor, al contrario, siempre tendremos una puerta abierta para la reconciliación.

El hombre con el corazón quebrantado, cuando ve la desgracia de sus ofensores, le duele y ora al Señor. David no se alegró de la desgracia que visitó a la familia de Saúl. Todo lo opuesto, lloró por él y hasta compuso un salmo (2 Samuel 1:17-27), y luego vengó su muerte.

Una actitud impactante fue la de David frente a su hijo Absalón. Este se levantó y conspiró contra David. Trató de hacerse lo más detestable a los ojos de su padre haciendo atrocidades con sus concubinas ante los ojos del pueblo. Pero el rey se levantó, recuperó su trono y pidió que, por favor, respetaran la vida de su hijo. Sin embargo, la orden no fue acatada y los escuderos de Joab le dieron muerte (2 Samuel 18:15). Cuando David lo supo lloró amargamente (2 Samuel 18:33). Más le importaba el bienestar de su hijo que el mismo trono. A Amasa, el general del ejército que puso Absalón en lugar de Joab, David le ofreció la misma posición (2 Samuel 19:13). Prácticamente le brindó un premio a su enemigo.

¡Qué contradicción! Pero así actúa el corazón quebrantado. Por eso decía el Señor acerca de David, que su corazón era conforme al suyo (Hechos 13:22). Cuando eres sanado, te conmueven las desgracias de aquellos que te hicieron mal.

I. *La actitud de Jonás*

Hay gente que ha sido ofendida fuertemente, pero no asumen la actitud correcta. No hay cosa más terrible que pasar toda la vida en un mar de resentimientos. En ocasiones, las grandes heridas llevan al ofendido a esperar que el juicio de Dios o la desgracia visiten a aquellos que les han ofendido. Tienen visiones y sueños en los que ven la ira de Dios derramarse sobre sus ofensores.

A veces, sin darnos cuenta, nos sentamos en la silla de Dios. Pronunciamos juicio, supuestamente, de parte de Él, siendo ello más bien el deseo del corazón. Siempre que alguien es ofendido espera que se le repare el daño causado. Algunos esperan el juicio, esa es la naturaleza humana, dicen: "Yo prefiero dejarle las cosas a Dios", pero con una segunda intención; pensando que un día Dios les castigará. Pero Dios hace lo contrario; los perdona y se olvida de todo lo que esa persona ha hecho.

Nunca el juicio divino vendrá sobre alguien para alimentar el ego de una persona. Dios no envía desgracia sobre otros para complacer a una persona, de modo que esta diga: "Yo lo sabía; yo tenía razón... poca cosa le ha pasado". Nuestro Dios no humilla a nadie para satisfacer el ego de alguien con amargura.

Cuando Jacob murió, los hermanos de José pensaron que este podría vengarse por lo que ellos le habían hecho. Así que se acercaron a José y le dijeron:

> *Tu padre te mandó a decir antes de su muerte que perdones la maldad de tus hermanos, por lo que ellos a ti te hicieron, y se postraron ante José y dijeron: Henos aquí por siervos tuyos.*
>
> GÉNESIS 50:16-18.

¡Cuánto me sorprende la respuesta de José! Dice que, primero lloró mientras ellos hablaban (Génesis 50:17). Su corazón se quebrantó a causa de las palabras de ellos, escuchando cómo sus hermanos todavía tenían un concepto erróneo de él. Entonces tuvo que decirles: *"¿Acaso estoy yo en lugar de Dios?"* (Génesis 20:19).

Con frecuencia el resentimiento lleva a las personas a lo que yo llamo *la actitud de Jonás*. Dios lo envió a predicar su palabra a la ciudad de Nínive. Sin embargo, este profeta no quería obedecer la voz de Dios porque decía que si iba a Nínive, y el pueblo se arrepentía, Dios los perdonaría. Es por eso que en el capítulo 4 del libro del profeta, vemos a un Jonás sentado esperando que el juicio cayera sobre Nínive.

Dios lo confronta y le da una lección usando una pequeña planta. Jonás se enojó porque Dios perdonó a Nínive. Entonces Dios permitió que una calabacera (una planta) naciera junto a él para que le librase de su malestar y le diera sombra. Al día siguiente, Dios preparó un gusano que laceró la calabacera y se secó. Cuando salió el sol, este hirió a Jonás en la cabeza y se desmayaba, al punto que deseaba la muerte. Dios, entonces, tuvo que confrontar a Jonás y decirle:

¿Tienes acaso razón para enojarte por causa de la planta? Y él respondió: Tengo razón para enojarme hasta la muerte. Y dijo el Señor: Tú te apiadaste de la planta por la que no trabajaste ni hiciste crecer, que nació en una noche y en una noche pereció, ¿y no he de apiadarme yo de Nínive, la gran ciudad, en la que hay más de ciento veinte mil personas que no saben distinguir entre su derecha y su izquierda, y también muchos animales?

JONÁS 4:9-1, LBLA.

El corazón de Dios es tan diferente al nuestro. Mientras a nosotros, en ocasiones, el resentimiento nos lleva a desearles juicio a los que nos ofenden, Él les muestra su misericordia. El apóstol Pablo nos dice:

Bendecid a los que os persiguen; bendecid, y no maldigáis. Si es posible, en cuanto dependa de vosotros, estad en paz con todos los hombres. No os venguéis vosotros mismos, amados míos, sino dejad lugar a la ira de Dios; porque escrito está: Mía es la venganza, yo pagaré, dice el Señor. Así que, si tu enemigo tuviere hambre, dale de comer; si tuviere sed, dale de beber; pues haciendo esto, ascuas de fuego amontonarás sobre su cabeza. No seas vencido de lo malo, sino vence con el bien el mal.

ROMANOS 12:14, 18-21.

Esa fue la actitud de Cristo en la cruz. Si vamos a ser como Él, o decimos que caminamos con Él, debemos andar como Él anduvo (1 Juan 2:6).

J. *El que perdona es levantado*

Muchas veces he visto personas que han causado terribles heridas a otros. Sin embargo, he visto cómo el ofensor es restaurado y levantado por Dios, y el ofendido nunca supera el trauma. El ofensor se humilla, en cambio el ofendido no está dispuesto a perdonar. Cuando vemos esas cosas nos preguntamos si Dios es injusto. Pero recuerda que Dios es justo y que les da la oportunidad de ser restaurados a todos los seres humanos. Por supuesto, lo importante es la actitud que se tome. El que se humille, pese a lo que haya hecho o de lo que haya sido víctima, Dios siempre le levantará.

Una de las cosas que más trabajo cuesta en el ministerio es la restauración. Tal vez sea la razón por la cual Dios nos guió a usar como nombre el de Ministerio Ríos de Restauración y Avivamiento. He descubierto que parte de la restauración llega a la persona cuando es capaz de perdonar o pedir perdón.

La actitud perdonadora es algo que todo creyente debe desarrollar. Mientras estemos en este mundo, vamos a ser ofendidos y es muy probable que los ofensores sean gente que amamos. Recuerda que el Señor está siempre presto a perdonarnos y no sólo eso, está dispuesto a seguir confiando en nosotros.

K. *Las grandes ofensas*

Muchas veces hemos sido víctimas de ofensas que han dejado profundas heridas en nuestros corazones. Con esto quiero decirte: "Recuerda la actitud de Cristo". Nuestro Señor fue traicionado por su hombre de confianza. Nadie pone como tesorero de una empresa o grupo a alguien a quien no se le tenga confianza. Judas era el tesorero del Señor. Pero a pesar de su traición, y de que sustraía dinero de la bolsa que estaba a su cargo (Juan 12:6), el Señor lo perdonó. Algo importante que debemos ver es que la traición de Judas no hizo que el Señor se desviara de la visión que el Padre le había puesto por delante.

Cuando somos traicionados casi siempre tendemos a dejar de confiar en la gente. A veces eso se convierte en una ofensa imperdonable que se lleva toda la vida en el corazón.

Así como el Señor fue ofendido por su hombre de confianza, nosotros también lo seremos, aun dentro de la propia Iglesia de Cristo. Es posible que esas ofensas procedan de un hermano que amamos, un líder o hasta del mismo pastor de la congregación. En situaciones como esas por lo general se tiene la tendencia a desertar de los ministerios e iglesias. Otros, hasta abandonan la fe.

En este sentido se debe tener mucho cuidado. A veces, debido a ciertas situaciones, el creyente abandona una congregación y se va a otra. Luego repite lo mismo hasta que, sin darse cuenta, llega a convertirse en un hábito. Llega a otra congregación, está a la expectativa de lo que pueda pasar o de lo que no camine de la mejor manera, y cuando sucede, se va.

Eso es muy delicado. Porque se puede llegar a un punto en que la persona hasta deje de congregarse. Puede ser que el mismo Satanás hasta le diga: "No te congregues, todas las iglesias están mal, te puedes contaminar". Entonces comete un grave error: deja de congregarse. Ten esto presente, lo que bendice es la obediencia, y la Escritura en Hebreos 10:25 nos dice: *"No dejando de congregarnos, como algunos tienen por costumbre, sino exhortándonos; y tanto más, cuanto veis que aquel día se acerca"*.

No esperes encontrar la congregación perfecta. Si hoy tenemos un Nuevo Testamento con cartas apostólicas, se debe a iglesias que tuvieron problemas. Todas esas cartas obedecieron a situaciones conflictivas en las iglesias del primer siglo. Eso quiere decir que los problemas en las iglesias no son algo nuevo. Si nos vamos a los libros proféticos, también encontraremos lo mismo: Una nación que le da la espalda a Dios, sobre la cual viene la disciplina divina, pero siempre le es prometida la restauración por parte del mismo Señor.

Es mejor sanarnos de cualquier herida dentro de la misma iglesia antes que salir huyendo. El autor de Hebreos recomienda: *"Fijemos nuestra mirada en Jesús, pues de él procede nuestra fe y él es quien la perfecciona"* (Hebreos 12:2, DHH). Siempre que tengamos la vista en el Señor, nada nos moverá del lugar donde Dios ha prometido bendecirnos.

Quisiera contarte una historia que me impresionó y me enseñó que todavía no hemos sufrido nada. Es la historia de las jóvenes Chiu-Chin-Hsiu y Ho-Hsiu-Tzu, durante la era de la Guardia Roja entre 1966 y 1969 en China.

Las dos jóvenes cristianas esperaban en el patio de la prisión por la ejecución que les había sido anunciada. Con mucho valor esperaban aquel momento para someterse a la muerte por causa de su fe cristiana.

Escoltado por los guardias, el verdugo se acercó con un revólver en la mano. ¡Era el pastor de las jóvenes! Él también había sido sentenciado a morir junto con ellas. Pero, como en muchas otras ocasiones en la historia de la Iglesia, los perseguidores lo habían tentado. Le habían prometido la libertad si les disparaba a las dos jóvenes. Lo cual aceptó.

Las dos chicas hablaron entre sí en voz baja y se inclinaron respetuosamente ante su pastor. Una de ellas dijo: "Antes que dispare, queremos darle las gracias de todo corazón por lo que ha significado para nosotras. Nos bautizó, nos enseñó el camino de la vida eterna y nos sirvió la Santa Cena con la misma mano con que sostiene el revolver.

"También nos enseñó que a veces los cristianos somos débiles y cometemos pecados terribles, pero que los mismos pueden ser perdonados. Cuando sienta remordimiento por lo que está a punto de hacer con nosotras, no se desespere como Judas, sino arrepiéntase como Pedro. Dios le bendiga y recuerde que nuestro último pensamiento no fue de indignación en contra de su falta. Cada cual pasa por momentos de tinieblas. Que Dios le recompense por todo el bien que ha hecho a nuestro favor. Nosotras moriremos agradecidas".

Ambas volvieron a inclinarse respetuosamente ante su pastor. El corazón del pastor estaba endurecido, por lo que les disparó a las dos. Poco tiempo después, él también murió a manos de los comunistas.[2]

Una historia como esta sensibiliza a cualquiera. Particularmente me enseña que no importa lo que pase, debo estar dispuesto a perdonar. Es posible que en la congregación a la que asistes o asististe alguna vez, hayas recibido una ofensa de tu líder o pastor. Eso ha hecho que tu corazón se llene de amargura y resentimiento, lo cual te llevó a hacer comentarios negativos sobre él. Te recomiendo que acudas ante el Señor y saques toda herida de tu alma, y luego acércate a ese pastor o

---

2. Talk, D.C., *Locos por Jesús,* Editorial Unilit, Miami, Florida, 2000, p. 200.

hermano y perdónalo. Difamarlo no te va a sanar. Al contrario, ora por esa persona, acércatele y sana tu corazón.

Perdonar no es fácil, pero somos bendecidos cuando lo hacemos. Además de que somos sanados, también nos hacemos más semejantes a Cristo y mejora nuestra calidad de vida.

Hay situaciones de las cuales se es testigo, que provocan endurecimiento. ¡Cuán duro es ver que la persona que menos lo merece, es víctima de un dolor! ¡Cómo nos duele eso! Decimos: "¿Por qué ella o por qué a él, Dios mío?" No cuestiones a Dios, ni te encierres en el dolor. No dejes que un pequeño dolor arruine el resto de tu vida.

Hay cosas que nunca entenderemos por qué Dios las permite. Dios perdonó al rey David aquella terrible experiencia pecaminosa que vivió. No sólo eso, sino que con la esposa de aquel hombre que mandó a matar, tuvo el hijo que lo sucedió en el trono. A ese hijo que tuvo David con Betsabé, llamado Salomón (1 Samuel 12:24), Dios lo amó grandemente. Esa es la naturaleza divina.

Siempre que se perdonan grandes ofensas, Dios desata una bendición mayor aún. Uno de los servicios dominicales que nunca olvido fue durante mi primera experiencia pastoral, en una pequeña comunidad llamada Santana, a unos 50 km al oeste de la capital dominicana. Era una comunidad muy marcada por el resentimiento y la falta de perdón. Las familias enemistadas y muchas personas que no se hablaban entre sí, era algo muy común.

En cierta ocasión, una señora entregó su vida a Cristo. Recuerdo que cuando lo hizo algunas personas se me acercaron y me dijeron: "Pastor, esa es la madre de los jóvenes con peor conducta en la comunidad". Cuando me dijeron eso mi corazón se llenó de gozo y les dije: "Qué bueno, la misericordia del Señor ha llegado a esa familia".

Tiempo más tarde otra señora, que era vecina de ésta, también se entregó al Señor en nuestra iglesia. Otra vez algunos hermanos se me acercaron y me hablaron de un conflicto muy desagradable ocurrido entre los hijos de las dos mujeres. Debido a ello hubo derramamiento de sangre entre sus hijos, por lo que ambas fueron enemigas por mucho tiempo.

Así es que comenzamos a tratarlas en la congregación buscando la manera de que se perdonaran. Pero ninguna estaba dispuesta a ceder. Entonces empezamos a orar para que el Señor quebrantara toda fortaleza de orgullo que impedía que las mujeres se perdonaran.

Un día, mientras celebrábamos la Santa Cena, aquellas mujeres fueron quebrantadas por el Espíritu de Dios. La presencia divina visitó la congregación y todos lloramos quebrantados por el Señor. Entonces aquellas mujeres, que durante tantos años habían sido enemigas, se acercaron una a la otra y con lágrimas en sus ojos se pidieron perdón. Ambas lloraron delante del Señor y oraron por sus hijos.

Pero lo más precioso fue ver luego a aquellas mujeres; caminaban el pueblo juntas, hablaban del amor de Dios e iban a la casa del Señor. Cuando la gente las veía juntas, no podían creerlo. Lo que es imposible para el hombre, es posible para Dios. Fue de gran testimonio para la iglesia ante la comunidad y fuimos grandemente bendecidos.

L. *Que nada te detenga*

Es posible que en esta hora estés luchando con un rencor en tu interior. No temas rendirte a Cristo y hacer a un lado todo aquello que te impida dar el paso adecuado. Hay personas que debes perdonar y has estado luchando por mucho tiempo en tu corazón con ese sentimiento. Hasta que no lo saques de tu corazón no podrás recibir de Dios eso que has estado esperando.

No importa quién haya sido, sólo perdona. Sea tu compañero, algún hijo, hermano, pastor o familia, lleva eso que sientes al altar de Dios. No se lo entregues al mundo ni a otra persona, para que el remordimiento luego te consuma. Me he encontrado con mujeres que han visto a sus maridos fallarles. Nunca los perdonan, luego se separan y pasan la vida con ese dolor en su corazón. Después ven cómo sus compañeros hacen una nueva vida con otra persona y el sufrimiento se hace mayor. No permitas que el dolor te robe lo que Dios te ha dado.

M. *Pasos para la sanidad y el perdón*

Cuando se perdona uno es sanado. A veces cuesta, pero ciertamente vale la pena. Quisiera darte algunos pasos que te ayuden a obtener perdón y sanidad.

1. Sincérate contigo mismo. Es muy importante que mires tu interior y reconozcas si sientes algún resentimiento contra alguien. Muchas veces es algo que se trata de ocultar y hasta pensamos que ni existe, pero está allí, en el corazón, y en determinados momento sube a la mente produciendo dolor. Por eso es importante ser sinceros y receptivos a la voz del Señor de modo que podamos reconocer lo que, ciertamente, hay en el corazón.

2. Identifica la herida en tu corazón. Una vez reconozcas que tienes una herida en tu corazón, identifícala. Tal vez sea algo que creas que mientras menos pienses en ello más rápido saldrá de tu corazón. Sin embargo, es todo lo contrario; más te hiere y te sigue causando dolor. Por tanto, es bueno identificar eso que te causa dolor, así te dispondrás a sacarlo de tu corazón.

3. Disponte a perdonar. Hay personas que están conscientes de que están heridas, y las han identificado, pero no están dispuestas a perdonar. Entienden que es una herida muy fuerte y no están dispuestas a ceder. Si eres una de esas personas, ora al Señor y saca todo temor de tu alma. Lo que es imposible para el hombre es posible para Dios. Pídele a Dios que te dé la fortaleza y decídete a perdonar o pedir perdón.

4. Confiésalo delante del Señor. Ahora, confiesa tu herida al Señor y pídele que la sane. Pídele a Dios que se lleve todo el dolor que esas experiencias te causaron. Dile que no deseas seguir llevándolas en tu interior ni que te sigan golpeando cada día.

5. Acércate a la persona. Tan pronto puedas, acércate a esa persona. Llámala o visítala y exprésale que la perdonas de corazón. No tienes que detallar lo que pasó ni quién tenía o no la razón. Lo más importante es restaurar la relación y dejar atrás todo aquello que haya producido dolor.

Estoy convencido de que a través de estas páginas el Espíritu Santo de Dios ha estado hablando a tu vida. Es posible que estés pensando en alguna persona a la cual todavía no has perdonado. Este es el momento de Dios para ti, para que te acerques y puedas sacar esa herida de tu corazón. Probablemente estés sintiendo un nudo en tu garganta y que tu corazón está siendo atravesado en este momento. Dios ha comenzado a producir en ti un quebrantamiento.

Te invito a que ores al Señor, Él te dará la fortaleza para que puedas perdonar. Puedes decirle al Señor esta breve oración: "Jesús, te doy gracias porque me perdonaste. En esta hora dame la fortaleza para perdonar y olvidar la ofensa que esa persona me causó. Te entrego todo mi dolor y el recuerdo del momento en que esa persona me ofendió. ¡Amén!"

El corazón quebrantado sabe perdonar. Sus fortalezas han sido removidas y ha entendido que esa es la voluntad de Dios.

Perdonar es una señal de que el amor de Dios se ha manifestado en nosotros. Un amor que produce sensibilidad y que nos permite perdonar. En el próximo capítulo trataremos de cómo ama el corazón quebrantado. Así que pídele a Dios que cambie en amor el resentimiento que sentías hacia esa persona que has decidido perdonar. Un amor como el que Cristo nos mostró en la cruz.

Para reflexionar

1. ¿Recuerdas a alguien a quien Dios te ayudó a perdonar completamente?
2. ¿Has estado luchando con el recuerdo de alguna ofensa en particular?
3. ¿Qué fortaleza te impediría perdonar a alguien?

3

EL CORAZÓN QUEBRANTADO SABE AMAR

El amor todo lo sufre, todo lo cree, todo lo espera, todo lo soporta.

1 CORINTIOS 13:7

Lo que caracteriza a los seguidores del Señor Jesucristo es el amor. Fue lo que identificó a la Iglesia del primer siglo. Sin embargo, ¡qué difícil es hoy día amar a los demás! Al momento que Dios quebranta nuestros corazones, aprendemos a amar de la manera en que Cristo nos amó.

Para el hombre de hoy el amor es sinónimo de sensualidad, y a veces de dolor. Muchas canciones que se escriben supuestamente al amor lo que transmiten es tristeza, depresión y temor. Hombres que le escriben a mujeres y viceversa cantándoles letras como: me traicionaste, me humillaste, estoy sufriendo y te sigo amando. O también canciones que se escriben exaltando el adulterio y la fornicación supuestamente presentando el amor ¡Eso no es amor!

Tanto el Señor Jesucristo en Mateo 5:43-48 como el apóstol Pablo en 1 Corintios 13 nos dan la mejor definición de lo que es el amor. Cuando leo estos capítulos de la Escritura la mejor manera de definir la palabra amor es, Jesucristo. Cada una de las características de este amor es un rasgo auténtico de nuestro Señor.

A. *Lo que significa amar*

La palabra que mejor define el amor cristiano es ágape. Esta es una palabra griega que significa amor. Ahora bien, nos preguntamos: ¿Cómo es este amor? Es un amor que demanda todo el ser del hombre.

El amor cristiano no alcanza únicamente a nuestros parientes, a nuestros amigos o a los que nos aman. Se extiende al prójimo, sea amigo o enemigo, y al mundo completo.

Ágape es más que una emoción. Tiene que ver con la mente y no con una emoción espontánea. Más bien, es un principio por el cual vivimos deliberadamente. Ágape se relaciona íntimamente con la voluntad. Es una conquista, una victoria y una proeza. La gente común no ama a sus enemigos. Pero cuando lo logra es una auténtica conquista ya que subyuga todas nuestras inclinaciones naturales y emocionales.

Es imposible que, como cristianos, podamos a amar a todo el mundo de la misma manera. Ciertamente a nuestros amigos íntimos los amaremos de una manera especial. Pero ágape demanda que tengamos en todo tiempo una actitud e inclinación benevolente hacia los demás, sin importarnos su condición.

El Señor Jesucristo nos manda a amar a nuestros enemigos en Mateo 5:43-48. Nos dice que esto es para que seamos como Dios, que hace caer su lluvia sobre justos e injustos, sobre buenos y malos. Eso quiere decir que no importa lo que el hombre sea, Dios procura su bienestar. Ágape dice: "No importa lo que me hagas, nunca procuraré vengarme ni perjudicarte". Podemos decir que ágape es bondad y benevolencia insuperable e invencible.[3]

B. *El amor se prueba*

Muchas veces se nos hace difícil amar a los demás. Hay algunas personas que son más fáciles de amar que otras. Pero, ¿qué hacemos con los difíciles?

---

3. Barclay, William. *Palabras griegas del Nuevo Testamento*, Casa Bautista de Publicaciones, El Paso, Texas, 1977, pp. 17, 18.

Como hijos de Dios, nuestro amor va a ser probado mientras estemos en este planeta. El amor, al igual que la fe, se prueba con el fuego. El apóstol Pablo dice que el amor es sufrido, todo lo cree y todo lo soporta, no es jactancioso y no busca su propio bienestar. Esto hace tan difícil amar.

El Señor, en una ocasión, dijo: *"Y por haberse multiplicado la maldad, el amor de muchos se enfriará"* (Mateo 24:12). Solamente un corazón quebrantado puede amar en la manera en que Cristo nos amó. Es muy fácil decir: Yo amo, pero cuán difícil es demostrar ese amor. Lo cierto es que, si realmente amamos, ese amor va a ser probado. Si estamos dispuestos a soportar, a dar oportunidades y a invertir tiempo para ver cambios, entonces podemos decir que estamos aprendiendo a amar.

C. *Lo difícil de amar*

Para amar hay que estar dispuestos a dar oportunidades. Algo con lo que Dios ha tenido que ayudarme bastante es esto: Darle oportunidad a la gente creyendo que Dios va a producir cambios. Que a pesar de lo que haya pasado, debo mostrar la misma actitud de Cristo. Debo estar dispuesto a creer en esa persona que está dispuesta a cambiar y creer que Dios lo hará.

En el proceso de restauración y rehabilitación de muchos hermanos he tenido que aprender lo que es el amor. Son muchos los que en el camino sufren caídas, y he llorado con ellos una y otra vez. Pero he visto buenos resultados, y en el ministerio que Dios nos ha permitido servir, he visto personas totalmente transformadas. Hombres que llegaron golpeados por el pecado han sido restaurados, hoy son ministros con quienes comparto el trabajo. Cuando cuentan sus testimonios, todos dan gracias a Dios por el amor con que fueron recibidos y tratados.

Si queremos servir al Señor, una de las cosas que tendremos que aprender es amar. No un amor de palabras, sino uno que se evidencia con acciones, sin esperar nada a cambio. El amor tiene la tendencia a apagarse. Sobre todo cuando hay fricciones, se producen heridas y sufrimos desencanto.

Debemos aprender lo que es la tolerancia. Las relaciones, en determinados momentos se pondrán a prueba, pero el amor cubre multitudes de faltas.

Si se quisiera usar una sola palabra para describir el evangelio de Jesucristo esa sería amor. Por eso los cristianos somos probados en el amor. Debemos tener bien en cuenta que el espíritu de nuestra fe es el amor, y que en determinados momentos las relaciones con nuestros hermanos serán probadas. En esos momentos es cuando mostramos el amor. Por tanto, cuidémonos de maltratar a nuestros hermanos. El Señor Jesucristo resumió la ley y los profetas cuando dijo: *"Así pues, hagan ustedes con los demás como quieran que los demás hagan con ustedes; porque en eso se resumen la ley y los profetas"* (Mateo 7:12).

En ocasiones somos más tolerantes con aquellos que no han conocido a Cristo que con nuestros hermanos en la fe. Entonces valdría la pena preguntarse: ¿Dónde está el amor que se profesa? Pudiera interpretarse como: "Te amaba hasta que tocaste mis intereses". Recuerda esto siempre: El amor es un estilo de vida y, pase lo que pase, debes estar dispuesto a seguir amando.

D. *La fortaleza del amor*

Uno de los versículos preferidos de mi esposa Australia es aquel que dice: *"Fuerte como la muerte es el amor"* (Cantares 8:6). Con lo único que podemos comparar la fortaleza del amor es con la muerte. El amor todavía es más fuerte, porque la muerte terminará un día, pero el amor será para siempre.

Salomón escribió: *"Las muchas aguas no podrán apagar el amor, ni lo ahogarán los ríos"* (Cantares 8:7). El verdadero amor nunca muere. Podrá pasar el tiempo, haber diferencias, desacuerdos, pero nunca se verá afectado el amor. El amor dice: *"A pesar de*, estoy dispuesto a amarte". Así que no permitas que cualquier llovizna apague tu amor.

El amor es algo que no se puede expresar con palabras. Nuestro Señor Jesucristo nunca le dijo a alguien: "Te amo". Ni siquiera a sus discípulos. Pero todos sabemos que Él es amor porque lo demostró. Nunca se lo dijo a nadie, pero le demostró a toda la humanidad que en verdad nos ama.

Amar no es simplemente una expresión que se dice de labios. Es algo que se muestra, como lo hizo nuestro Señor Jesucristo. El amor es totalmente desinteresado. No es: "Te amo mientras pueda conseguir de ti lo que deseo. Pero cuando ya no pueda conseguir lo que busco, entonces simplemente no puedo seguir junto a ti".

El amor echa fuera el temor y cubre multitud de faltas. Amor es estar juntos en los momentos buenos y en los difíciles también. Ese es el amor del que habla el apóstol Pablo en Corintios.

Los religiosos de la época de Cristo nunca entendieron eso. Para ellos era mayor la ley, las apariencias y el prestigio que el amor y la misericordia. Si vamos a amar, en ocasiones tendremos que perder algunas cosas con tal de amar como lo hizo Cristo.

Cuando el pueblo de Israel era llevado cautivo a Babilonia, sus hermanos —los hijos de Edom—, se alegraron de aquel mal que les había pasado (Salmos 137:7). En el tiempo en que los hijos de Israel no podían adorar a Dios por causa de su cautiverio, Edom se gozaba. En el tiempo del infortunio de Israel, Edom, en vez de condolerse por su hermano, lo disfrutaba.

Dios entonces levantó a Abdías con una palabra para Edom y le dijo:

> *Por la injuria a tu hermano Jacob te cubrirá vergüenza, y serás cortado para siempre. El día que estando tú delante, llevaban cautivo su ejército, y extraños entraban por sus puertas, y echaban suertes sobre Jerusalén, tú también eras como uno de ellos.*
>
> *Pues no debiste tú haber estado mirando en el día de tu hermano, en el día de su infortunio; no debiste haberte alegrado de los hijos de Judá en el día que se perdieron, ni debiste haberte jactado en el día de la angustia.*
>
> *No debiste haber entrado por la puerta de mi pueblo en el día de su quebrantamiento; no, no debiste haber mirado su mal en el día de su quebranto, ni haber echado mano a sus bienes en el día de su calamidad. Tampoco debiste haberte parado en las encrucijadas para matar a los que de ellos escapasen; ni debiste haber entregado a los que quedaban en el día de su angustia.*

ABDÍAS 10-14

Aquel mal que vino sobre Israel era de parte de Dios. Pero al Señor le desagradó la actitud de Edom. En vez de condolerse de la desgracia de su hermano, se alegraron.

Dios nunca espera que te alegres de las desdichas de tu prójimo. Nunca pienses: "Se lo merecía". Cuando se ama uno está dispuesto a llorar con la persona, a condolerse de su infortunio y a evitar aprovecharse de su desgracia.

E. *La mayor evidencia*

El amor es el estilo de vida que caracteriza a los hijos de Dios. La espiritualidad del creyente no la determina el conocimiento bíblico que posea. Tampoco los dones que por gracia inmerecida, Dios haya derramado sobre la persona. Nuestra fe se evidencia por la manera en que amamos a los demás. Recuerda que Cristo dijo: *"En esto conocerán todos que sois mis discípulos, si tuviereis amor los unos con los otros"* (Juan 13:35).

Lo que más impresiona a Dios no es lo elocuente que se pueda ser, sino la manera en que se muestra a los demás el amor. La Madre Teresa fue una mujer que impactó el mundo. No lo hizo con grandes sermones. Tampoco lo hizo por medio de grandes campañas evangelísticas. Lo hizo con su ejemplo de amor.

El apóstol Pablo, en el capítulo 12 de su primera carta a la Iglesia de Corinto, hace un análisis muy detallado acerca de los dones espirituales. El último versículo de ese capítulo termina diciendo: *"Procurad, pues, los dones mejores. Mas yo os muestro un camino aun más excelente"* (1 Corintios 12:31). Este versículo presenta el siguiente capítulo y nos muestra el camino hacia una vida de excelencia. Todo comienza y debe ser guiado por el amor. Podremos ser personas usadas por Dios, con ministerios que impacten muchas personas, pero recordemos que si no hay amor de nada nos sirve.

La carta dirigida a la Iglesia de Éfeso en el libro de Apocalipsis (2:1-7) me impacta sobremanera. Esta era una iglesia muy trabajadora y con un gran discernimiento espiritual. Pero había perdido su primer amor, por lo que recibe una reprensión de parte de Dios.

A veces, los cristianos somos muy buenos defendiendo posiciones teológicas, sin embargo, no lo somos amando al prójimo. Es increíble ver cómo muchos creyentes se dividen y hasta se difaman mutuamente por argumentos y posturas teológicas. La fe cristiana es práctica, se fundamenta en el amor. Santiago define la fe cristiana de una manera muy sencilla: *"La religión pura y sin mancha delante de Dios el Padre es esta: Visitar a los huérfanos y a las viudas en sus tribulaciones y guardarse sin mancha del mundo"* (Santiago 1:27). Lo que hay en nuestro ser interior se reflejará en el trato que les demos a los demás.

F. *Un solo cuerpo*

Los creyentes en Cristo debemos estrechar más los lazos que nos unen y no los que nos dividen. Particularmente puedo dar gracias a Dios que me ha permitido tener amistad con pastores de diferentes tipos de denominaciones: bautistas, metodistas, pentecostales, presbiterianos. Con todos he podido desarrollar una linda y sincera amistad. Hemos reído y llorado juntos, y nuestras familias han pasado gratos momentos. Esto se debe a que hemos entendido que lo que nos une es la cruz de Cristo. Jesús nos dijo: *"Nadie tiene mayor amor que este, que uno ponga su vida por sus amigos"* (Juan 15:13). Él lo hizo por nosotros.

Luchemos por la unidad del cuerpo de Cristo. Nunca te prestes como instrumento que divida el cuerpo de Cristo. Es triste ver cómo personas que adoraron juntos al Señor e hicieron grandes proyectos para Él se vuelven sus enemigas. En ocasiones, hay desacuerdos entre sí que provocan división. Todo ministerio que nace fruto de una división termina dividiéndose. Lo que se siembra se cosecha.

G. *Dispuestos a perder*

Para amar debemos estar dispuestos a perder algunas discusiones. Es posible que lo hagamos teniendo la razón. Recuerda que quien hace la obra es el Espíritu Santo.

Amar como Cristo lo hizo no es fácil. Sólo un corazón quebrantado puede hacerlo. Hay que estar dispuesto a perder muchas cosas.

Mi esposa Australia siempre me dice: Amar es dar a pesar de, y sin esperar nada a cambio. Eso fue lo que hizo nuestro Señor Jesucristo. Entregó su vida por todos los hombres de la tierra. No lo hizo por un grupo que un día aceptaría su sacrificio para redención de sus pecados. Lo hizo por todos los pecadores. De antemano sabía que unos lo aceptarían y otros lo rechazarían, pero no le importó. Se entregó por todos en la cruz, eso es amor.

Lucha por conservar tus amistades. Habrá momentos en que pensarás de manera diferente. Pero no llegues al punto de separarte de la gente con quienes has mantenido lazos de amor durante años.

Uno que estuvo dispuesto a perder por conservar su amistad fue Jonatán. Saúl, su padre, deseaba matar a David porque le tenía celos y lo veía como una amenaza para su reino. Sin embargo, Jonatán estuvo dispuesto a conservar la amistad con David aunque le trajera dificultades con su padre. Todo eso porque Jonatán lo amaba como a sí mismo (1 Samuel 18:1, 3; 20:17). Jonatán amaba tanto a David que estuvo dispuesto a perder el reino por su causa. Estaba convencido de que Dios había elegido a David como príncipe de su pueblo. Pero no tuvo celos por eso contra David ni contra Dios, pues de hecho, él era hijo del rey y por tanto el heredero. Todo lo contrario, le ofreció su apoyo:

> *Viendo, pues, David que Saúl había salido en busca de su vida, se estuvo en Hores, en el desierto de Zif. Entonces se levantó Jonatán hijo de Saúl y vino a David a Hores, y **fortaleció su mano en Dios**. Y le dijo: No temas, pues no te hallará la mano de Saúl mi padre, **y tú reinarás sobre Israel, y yo seré segundo después de ti**; y aun Saúl mi padre así lo sabe. Y ambos hicieron pacto delante de Jehová; y David se quedó en Hores, y Jonatán se volvió a su casa.*
>
> 1 SAMUEL 23:15-18

Esto es amor con convicción. Estar dispuestos a perder con tal de conservar.

H. *El discípulo amado*

Una de las cosas que hace el quebrantamiento es que nos enseña a amar como lo hizo Cristo Jesús. En el primer capítulo decíamos que uno de los propósitos del quebrantamiento es producir en nosotros la actitud de Cristo Jesús. Una persona que asimiló muy bien esto fue el apóstol Juan o el discípulo a quien Jesús amaba.

Cuando le pregunto a los creyentes: ¿Con cuál de los doce discípulos del Señor te identificas? La mayoría me responde que con Juan. Cuando les pregunto: ¿Por qué? Todos me responden: "Por sus escritos acerca del amor". Juan es el discípulo que más escribe acerca del amor. En el evangelio que escribió, tomó los momentos cuando Jesús habló acerca del amor y los expuso. En sus cartas apostólicas también habla acerca del amor.

Pero para que el apóstol Juan llegara a esa dimensión tuvo que ser quebrantado por el Señor. Juan tuvo que conocer lo que es el amor de Dios. Juan no siempre fue tan tierno como se refleja en sus escritos. Dios lo llevó a ese nivel después que fue quebrantado.

Cuando nos detenemos a observar la vida de Juan antes de la crucifixión del Señor, era un hombre muy diferente al que luego conocemos. Jesús los llamaba —a él y a su hermano— los hijos del trueno. Estos muchachos tenían un carácter explosivo y ambicioso.

Lucas nos relata que en una ocasión Jesús deseaba ir a Samaria. Entonces envió mensajeros para que le hicieran los preparativos y lo recibieran (Lucas 9:52-56). Pero los samaritanos no lo recibieron. Entonces Jacobo y Juan le dijeron a Jesús: *"¿Quieres que mandemos que descienda fuego del cielo, como hizo Elías, y los consuma?"* (Lucas 9:54).

Jesús quedó atónito al ver la actitud de dos de sus discípulos más íntimos, y tuvo que reprenderlos y decirles: *"Vosotros no sabéis de que espíritu sois; porque el Hijo del Hombre no ha venido para perder las almas de los hombres, sino para salvarlas"* (Lucas 9:55-56). Cuando leemos este episodio se nos dificulta creer que era Juan quien hablaba ya que estamos acostumbrados a ver a un Juan tierno y amoroso.

Entonces, ¿Qué pasó con Juan después de la crucifixión de nuestro Señor Jesucristo para que cambiara su actitud? En la Biblia encontramos que el único que fue testigo ocular de la crucifixión del Señor Jesucristo fue Juan. Él estuvo presente en los momentos más difíciles del Señor. Sólo él y Pedro permanecieron junto al Maestro (Juan 18:15), los demás huyeron (Mateo 26:56), y Pedro, después que lo negó, también huyó. Pero Juan permaneció cerca de Jesús hasta el final. Por eso cuando este estaba colgado en la cruz, vio a su madre junto a Juan, y le encargó el cuidado de ella (Juan 19:26-27).

Juan fue testigo ocular del sufrimiento del Señor. Estaba consciente de que Él tenía poder para librarse de aquella dolorosa experiencia. Él sabía que Jesús podía ordenar fuego del cielo sobre los verdugos que le golpeaban y sobre los que le injuriaban y le escarnecían. Sin embargo, no lo hizo. Lo que Jesús hizo fue orar a Dios y decir: *"Padre, perdónalos porque no saben lo que hacen"* (Lucas: 23:34). La actitud de Cristo marcó la vida de Juan. Pudo entender el verdadero propósito de la cruz de Cristo. Comprendió que todo aquello era la muestra del amor del Padre para la salvación de todos los hombres.

Ahora, cuando Juan escribe sobre el amor, siempre toma como referencia la cruz de Cristo. En un pasaje de su primera carta afirma: *"Dios nos amó a nosotros, y envió a su Hijo en propiciación por nuestros pecados"* (1 Juan 4:10). Luego en otra ocasión dice: *"Nosotros le amamos a él, porque él nos amó primero"* (1 Juan 4:19). Él, más que nadie, tenía autoridad para escribir eso porque fue testigo ocular de la muestra del amor de Dios. Esto hace que Juan resalte en su evangelio cuando Cristo dijo: *"Nadie tiene mayor amor que este, que uno ponga su vida por sus amigos"* (Juan 15:13). Él vio a Jesús dar su vida por ellos.

La cruz de Cristo cambió la vida de Juan. Él pudo ver que Dios es un Dios de amor, y que ha revelado ese amor a través de su Hijo Jesucristo en la cruz. Juan invita a los creyentes a amarse, tomando siempre como modelo a nuestro Señor Jesucristo. Después de aquella experiencia, creo que el apóstol Juan nunca más pediría fuego del cielo para nadie.

I. *Pon tu amor en acción*

Cada día debemos orar al Señor pidiéndole que avive y levante el amor en nuestros corazones. Hay tres herramientas que nos pueden ayudar a desarrollar el amor en nosotros.

1. Encuéntrate cada día con la cruz de Cristo. La muestra más grande de amor nos la dio nuestro Señor Jesucristo en la cruz. Es el ejemplo más grande de la revelación del amor de Dios para con el hombre. Si deseas poner en acción ese amor, procura encontrarte con la cruz de Cristo cada día. Eso producirá sensibilidad en tu corazón. Te hará sensible ante la necesidad de los demás, de manera que sientas pasión por los que se pierden, y te fortalecerá ante situaciones que puedan apagar el amor en ti. Encontrarse con la cruz de Cristo es pedirle a Dios cada día que ese mismo amor que mostró en la cruz, sea lo que guíe tu vida.

2. Muere al yo. La segunda herramienta que nos ayuda a poner en práctica el amor es morir cada día a nuestro ego. Crucificar nuestro yo en la cruz de Cristo. El apóstol Pablo escribió: *"Con Cristo estoy juntamente crucificado, y ya no vivo yo, mas vive Cristo en mí; y lo que ahora vivo en la carne, lo vivo en la fe del Hijo de Dios, el cual me amó y se entregó a sí mismo por mí"* (Gálatas 2:20). Pablo se veía a sí mismo crucificado con el Señor en la cruz. Muriendo a un viejo hombre para que el Señor hiciera de él un vaso nuevo.

Cuando una persona se entrega al Señor, llega con un carácter viciado por las obras de la carne. Pablo también escribe:

Manifiestas son las obras de la carne, que son: adulterio, fornicación, inmundicia, lujuria, idolatría, hechicerías, enemistades, pleitos, celos, iras, contiendas, divisiones, herejías, envidias, homicidios, borracheras, orgías, y cosas semejantes a estas. En cuanto a esto, os advierto, como ya os he dicho antes, que los que practican tales cosas no heredarán el reino de Dios.

GÁLATAS 5:19-21

A estas cosas son las que debemos procurar morir día a día para que el Señor haga de nosotros lo que desea. En algún momento pensarás que tu crecimiento se ha detenido, por actitudes del pasado que suben a tu corazón ante determinadas situaciones. Pero recuerda que la obra aun no está terminada. Lleva siempre presente las palabras del apóstol Pablo:

Hermanos, yo sé muy bien que todavía no he alcanzado la meta; pero he decidido no fijarme en lo que ya he recorrido, sino que ahora me concentro en lo que me falta por recorrer. Así que sigo adelante, hacia la meta, para llevarme el premio que Dios nos llama a recibir por medio de Jesucristo.

FILIPENSES 3:13-14, BLS.

Cuando iniciamos la iglesia donde actualmente servimos, algunas mujeres conocieron al Señor. El obstáculo que algunas tuvieron que enfrentar durante sus primeros pasos en el Señor fue la negativa de sus maridos ante su nueva fe. Algunas veces sus maridos hasta les pusieron a escoger entre ellos o la iglesia.

Esta fue una de las pruebas que Marie Moya, quien hoy es una de las líderes de la iglesia, tuvo que enfrentar. En muchas ocasiones su esposo se burlaba de su fe, y la provocaba a ira, y luego le decía: "y eso que eres cristiana".

Todo esto hacía que ella se deprimiera y en ocasiones se ponía a dudar respecto a si estaba creciendo en el Señor. Su situación en casa se repetía con frecuencia, y ella volvía y caía en la trampa; airándose y contestando de mala manera a su marido.

Pero ella comenzó a pedirle al Señor que tratara con su carácter. Ella reconoció que por sí misma no podía y le pidió al Señor que la fortaleciera. Estaba decidida a morir a su *yo* para que Cristo creciera en ella. Quería dejar de contestar con ira a su marido y mostrarle más amor.

Dios escuchó su oración. Marie empezó a ser tratada por el Señor y la manera en que ella trataba a su marido cambió. En momentos sentía que volvería atrás, pero venía delante del Señor día a día y se rendía a sus pies. Su marido se percató del cambio y aunque intentaba volver a provocarle a ira no tenía éxito.

El cambio en Marie provocó un cambio en su marido. Luego él mismo daba testimonio de la obra del Señor en su esposa. Todavía no ha entregado su vida al Señor, pero está más cerca que nunca y hasta actúa como un defensor de la fe cristiana.

Todo esto Marie lo logró cuando propuso en su corazón poner en práctica el amor, muriendo cada día a su viejo hombre. No hay cosa en esta vida que el amor no pueda conquistar.

3. Desarrolla la actitud de Cristo. Pídele al Espíritu Santo de Dios que forje el carácter de Cristo en ti. Que ya no seas dominados por aquello que te gusta y que, en ocasiones, contrasta con el carácter de nuestro Señor Jesucristo. Pídele al Señor que te ayude a hacer a un lado las obras de la carne y desarrolle en ti el fruto del Espíritu, del cual Pablo afirma:

Pero el fruto del Espíritu es amor, gozo, paz, paciencia, benignidad, bondad, fe, mansedumbre, templanza; contra tales cosas no hay ley. Pero los que son de Cristo han crucificado la carne con sus pasiones y deseos.

GÁLATAS 5:22-24

Así fue el andar de nuestro Señor mientras estuvo en este mundo. Este es nuestro modelo. Si queremos aprender a amar, entonces debemos estar dispuestos a desarrollar la actitud de Cristo en nuestros corazones.

Probablemente en algún momento de tu vida has vivido situaciones que han ocasionado que tu amor mengüe. Pero ahora tienes la oportunidad de acercarte al Señor y pedirle que restaure la llama del amor en tu corazón. Pídele a Dios que cada día te revele su amor y que quebrante tu corazón. Dile que deseas morir a las actitudes del pasado y desarrollar el carácter de Jesucristo.

El corazón quebrantado siempre está dispuesto a amar. Tiene muy clara la revelación del amor de Dios en Jesucristo; lo que le facilita amar. Probablemente pienses: "Yo necesito aprender a amar". Pídele al Señor que haga de ti una persona misericordiosa que muestra el amor de Dios.

Estoy seguro que después de esta oración verás un cambio en tu vida. Tal vez este cambio te traiga la crítica de algunas personas que te llamen débil. Pero no te preocupes, estás desarrollando el carácter de Jesucristo. En el siguiente capítulo trataré acerca de la forma en que el corazón quebrantado busca siempre la gloria de Dios; que los demás vean a Cristo en él. Sé que Dios completará lo que hasta ahora está haciendo contigo a través de estas páginas.

Para reflexionar

1. ¿Puedes pensar en alguien que te ame a pesar de todo? ¿Puedes pensar en alguien a quien amas a pesar de todo?
2. ¿Estarías dispuesto a amar nuevamente a alguien que te decepcionó? ¿Estarías dispuesto a invertir tiempo en esa persona?

4

EL CORAZÓN QUEBRANTADO
RECONOCE LA GLORIA DEL SEÑOR

*Y entró el rey David y se puso delante de Jehová, y dijo: Señor Jehová,
¿quién soy yo, y qué es mi casa, para que tú me hayas traído hasta aquí?*

2 SAMUEL 7:18

El mayor enemigo que todo creyente tiene es uno mismo. El
apóstol Pablo aconseja a Timoteo y le dice: *"Cuídate de ti mismo"* (1
Timoteo 4:16).

A nuestra carne le encanta ser exaltada y admirada. El poder lleva
a la exaltación de la persona. Cuando Satanás engañó al hombre le
ofreció poder e independencia, le dijo que sería igual a Dios. Desde
entonces los hombres luchan por el poder. Para muchos, esto es lo
que satisface su ser.

En una ocasión la madre de Jacobo y Juan se acercó a Jesús con una
petición ambiciosa. Quería posiciones de poder para sus hijos dentro del
reino del Señor, pero no desde una perspectiva espiritual. Por esa razón
el Señor tuvo que amonestarla y decirle: *"El que desea hacerse grande entre
ustedes será vuestro siervo; y el que quiera ser el primero entre ustedes será
vuestro siervo"* (Mateo 20:26-27).

En el reino del Señor todo comienza con el servicio, no hay mayor
privilegio que este. Nunca debemos olvidar que por más éxito que se
pueda tener, es Dios quien hace la obra, nosotros sólo somos siervos.

A. *No descuides lo más importante*

Muchas veces Satanás usa la bendición de Dios para apartar nuestros corazones de la presencia del Señor. Cuando somos bendecidos tenemos la propensión a olvidarnos del Señor. La actitud de nuestro corazón cambia. Ya Dios no es lo más importante en nuestras vidas. Ahora es la bendición e invertimos más tiempo en lo que el Señor nos ha dado que en buscar su rostro.

Mientras estemos en este planeta, tendremos que luchar con eso. Satanás trata de usar la bendición que el Señor nos ha dado para desviar nuestra mirada de Aquel por quien hemos sido favorecidos. Nadie está exento de ello. La única manera en que podemos permanecer sin sucumbir ante eso es si mantenemos nuestros corazones quebrantados delante del Señor día a día. Su grandeza nos mostrará lo pequeño que somos.

B. *El orgullo*

El orgullo es una de las armas más poderosas que usa el enemigo para atacar a los creyentes. Cuando se le da cabida en el corazón comienza una reacción en cadena que, en la mayoría de los casos, termina llevando a la persona al pecado.

¡Con cuánta facilidad tienden los hombres a olvidar que lo que hemos recibido es por la gracia y la misericordia del Señor! La posición que ahora tienes no la alcanzaste por méritos personales, ni porque te lo merecías, **todo** es por su gracia.

Fred Smith en su libro *You and Your Network* dice: "Las personas humildes no niegan su poder; sólo reconocen que pasa a través de ellos y no que surge de ellos".[4] Eso es precisamente lo que pasa con los cristianos. Sólo somos un instrumento que transmite —lo que hemos recibido de Dios— a otras personas.

Muchos ministros han caído porque se han olvidado de eso. Cuando se ven altos, se olvidan del Señor. Su corazón comienza a llenarse de

---

4. Blanchard, Ken, *Un líder como Jesús*, Grupo Nelson, Nashville Tennessee, Estados Unidos, 2006, p. 65.

orgullo y se les olvida que quien hace la obra es el Espíritu Santo. No son nuestras habilidades, es el Señor.

Nabucodonosor fue el rey más grande de Babilonia. Dios, a pesar de que Nabucodonosor era pagano, en su soberanía, quiso levantarlo y darle nombre. Pero este rey lo olvidó y pensó que toda la grandeza de su imperio se debía a sus propios méritos. Su corazón se llenó de orgullo y de soberbia. El profeta Daniel nos relata (Daniel 4) que por causa de eso Nabucodonosor fue cortado. Perdió todo el esplendor y la gloria que Dios le había placido otorgarle. De ser un gran príncipe, terminó con las bestias del campo y con su cuerpo transformado. Su estado era semejante al de una persona demente.

Pero un día Nabucodonosor pudo levantar su mirada al cielo y humillarse delante del Señor. Pudo reconocer que no hay otro grande como Dios. Que Él exalta a quien quiere y que toda la gloria que había recibido era por gracia y misericordia de Dios. Cuando Nabucodonosor reconoció eso, entonces Dios lo restauró. Su razón le fue devuelta juntamente con la grandeza que Dios le había dado. Nabucodonosor pudo reconocer que Dios humilla al soberbio, pero engrandece al que sabe humillarse. Por eso Salomón escribió: *"Y antes de la gloria está la humildad"* (Proverbios 15:33b, LBLA).

Es importante saber que el orgullo fue lo que provocó la caída de Lucero. Él conoce muy bien cómo actúa y trabaja el orgullo en el corazón. Tanto en el libro del profeta Isaías en su capítulo 14 como en el de Ezequiel, en su capítulo 28, se nos relata la historia de Lucero. Aquel querubín que se convirtió en Satanás.

La Escritura narra que era un querubín grande, que estaba en el monte de Dios, que era hermoso y sabio. En el día de su creación le fueron preparados tamboriles y flautas. Sin embargo, por causa del orgullo, su corazón se enalteció, su sabiduría fue corrompida y perdió todo lo que Dios le había dado. Su caída vino porque cuando se vio tan grande, deseó en su corazón ser igual al que lo había creado y quiso revelarse contra Dios.

El orgullo ocasionó la pérdida de toda la belleza y grandeza que Dios le había dado, hasta convertirse en lo que hoy conocemos como Satanás.

Lo peor de todo fue que, nunca se halló en él arrepentimiento. Desde entonces, se ha dedicado a engañar a los hombres sembrándoles orgullo, odio y rencor en el corazón.

El corazón quebrantado busca que la gente pueda ver al Señor en todo lo que hace. Sabe y reconoce que todo le pertenece al Señor. Por eso se cuida mucho cuando sirve. Espera que todo aquel que de alguna manera es influenciado por él, haga lo mismo: "Buscar que las personas puedan reconocer al Señor".

Debemos ser cuidadosos con los elogios a la gente. A veces Satanás usa eso para alimentar nuestro ego. En una ocasión Juan Bunyan, autor de la obra *El peregrino,* terminó de exponer un sermón. Cuando bajó de la plataforma un joven se le acercó y le dijo: ¡Oh, Juan, qué tremendo sermón has predicado! Juan Bunyan le contestó: "Lo mismo me dijo Satanás cuando estaba en el púlpito".[5]

La mayoría de la gente en sus momentos más difíciles, buscan a Dios incansablemente. Oran a cada instante, se comprometen con la obra del Señor y le hacen promesas a Dios. Sin embargo, cuando llega el tiempo en que Dios les levanta, se olvidan de todas las promesas que le hicieron. Ya no hay tiempo para el Señor porque están bastante ocupados. Creo que este es un cuadro que muchos conocemos.

C. *Amantes de su presencia*

Después de la persona del Señor Jesucristo, el personaje bíblico, que más impacta mi vida es el rey David. David fue una persona que mientras más Dios lo bendecía, más buscaba su presencia. Dios lo escogió y, de ser un simple pastor de ovejas, se convirtió en el rey más grande que tuvo Israel. Lo que más me impresiona de este hombre es su anhelo por la presencia del Señor.

Cuando anhelamos la presencia del Señor en nuestras vidas, estamos mostrando nuestra dependencia de Él y nuestra gratitud. Estar en la presencia del Señor ayuda a reconocer su poder y su gloria, que lo que

---

5. Boyer, Orlando, *Biografías de grandes cristianos,* Vida, Miami, FL, 2001, p. 38.

somos se lo debemos a Él. Todo eso se refleja en los escritos de David, en el Libro de los Salmos. Por eso vemos tantos salmos que expresan alabanzas al nombre del Señor y su anhelo por su presencia.

El rey David era un hombre que amaba y disfrutaba estar en la presencia del Señor. Fue tanto así, que cuando se estableció en Jerusalén procuró traer el arca del pacto a la ciudad. El arca del pacto era el objeto más sagrado del tabernáculo. Representaba la presencia del Señor en medio del pueblo. David le preparó una tienda o tabernáculo para que estuviera allí y donde constantemente se ministrase al nombre del Señor (1 Crónicas 16:37-43). Allí dejó levitas para que ministrasen ante la presencia del Señor.

Son muchos los salmos en los que encontramos al salmista hablando de estar en la presencia del Señor. Si hay algo que busca el hombre con un corazón quebrantado es estar cada día en la presencia del Señor. David decía: *"Porque mejor es un día en los atrios del Señor que mil fuera de ellos"* (Salmos 84:10). También encontramos: *"Una cosa he demandado a Jehová, ésta buscaré; Que esté yo en la casa de Jehová todos los días de mi vida, para contemplar la hermosura de Jehová, y para inquirir en su templo"* (Salmos 27:4). En el Salmo 16:11 dice: *"En tu presencia hay plenitud de gozo; delicias a tu diestra para siempre"*.

Para el rey David no había nada que tuviera más valor que su presencia. La anhelaba tanto que la buscaba desde la madrugada. En el Salmo 63:1 escribe: *"Dios, Dios mío eres tú; de madrugada te buscaré; mi alma tiene sed de ti, mi carne te anhela"*.

David amaba tanto al Señor que propuso en su corazón hacerle casa. Esto agradó tanto al corazón de Dios, que le hizo una promesa a David. En ella le prometía establecer su reino para siempre y que nunca faltaría de su linaje un rey que rigiera sobre Jerusalén (2 Samuel 7:13, 16-17).

Entonces viene la contundente respuesta que David le da al Señor ante esa promesa: *"¿Quién soy yo y mi casa para que tú me hayas traído hasta aquí?"* (2 Samuel 7:18). En aquel momento David reconoció que todo lo que había recibido se lo debía al Señor. Se sentía indigno de tal bendición y supo reconocerlo. Esa fue su actitud durante toda su vida. Aun cuando en un momento le falló al Señor, supo apelar a la misericordia divina.

Se humilló delante de Dios, y le pidió que le devolviera lo más grande y significativo para él, la presencia del Señor. Por eso escribe: *"No me eches de delante de ti, y no quites de mi tu Santo Espíritu"* (Salmos 51:11).

David no tenía sus ojos puestos en las cosas materiales. El reino no era lo más importante para él. No cambiaba por nada el poder acudir a la presencia de Dios cada día. ¡Qué gran ejemplo de un corazón quebrantado!

Los ministerios, dones, talentos y los edificios que se construyen para ser usados como templos, todo le pertenece al Señor. Aun a los pocos o muchos bienes que se puedan alcanzar en esta tierra, es la presencia del Señor lo que les da valor. Eso es lo único que nos llevará al cielo. David dijo: *"Aunque ande en valle de sombra de muerte, no temeré mal alguno, porque tú estarás conmigo"* (Salmos 23:4). No dijo: "Los guardias que me cuidan o el palacio real estarán conmigo después de la muerte". Sólo la presencia del Señor lo acompañaría más allá de la muerte.

Los ministerios no son propiedad privada. Cuando el Señor confrontó a Pedro, después que lo negó, una vez resucitado, le dijo: "Pedro, ¿me amas?" "Sí Señor, yo te amo", respondió. "Pues entonces apacienta *mis* corderos", le encareció el Maestro. Luego le repitió la misma pregunta, a la cual Pedro contestó sí. Jesús le dijo: "Pastorea *mis* ovejas". Cuando le hizo la pregunta la tercera vez, Pedro se entristeció, porque el Señor le había hecho la misma pregunta dos veces. Entonces le respondió: "Señor, tú conoces todas las cosas, tú sabes que te amo". Jesús entonces le dijo: "Apacienta *mis* ovejas".

Todo aquel que ministra al Señor debe entender que las ovejas le pertenecen a Él. Preguntémonos siempre qué amamos más: al Señor, al ministerio o a las bendiciones que nos da. Porque un día daremos cuenta a Dios por nuestras vidas y por lo que se nos ha encomendado. Entonces procuremos ser hallados fieles.

El Señor levanta a quien Él desea. No hay necesidad de luchar por ministerios. Hay que cuidarse de luchar por ocupar una posición que no se está llamado a ocupar. Si la ocupaste, y terminó tu tiempo, entonces pásale la antorcha al que viene para que haga su trabajo. No hay mejor legado para las futuras generaciones.

Cuando los líderes no reconocen que su tiempo terminó, los ministerios tienden a fosilizarse. Entonces debe abrírsele paso a una nueva generación para que continúe la obra y así no se detenga el crecimiento de la obra del Señor.

Ken Blanchard en su libro *Un líder como Jesús* dice: "Si Dios es el objeto de nuestra adoración, la fuente de nuestra seguridad y valor propio y nuestra única audiencia y autoridad, el orgullo falso y el temor son reemplazados por humildad y confianza. Siempre que exaltemos únicamente a Dios, nuestras relaciones y liderazgo se renovarán con humildad y confianza en Dios".[6]

D. *La clave de un ministerio próspero*

Si deseas ver el ministerio o tu propia vida prosperar, busca el rostro y la presencia del Señor cada día. Estar en su presencia es lo que da vida al corazón del hombre. Donde se manifiesta su presencia siempre hay bendición. Si deseamos ver el ministerio prosperar debemos darle el espacio a la presencia del Señor.

Hoy se celebran cantidades de congresos acerca de iglecrecimiento (crecimiento de iglesia). Son muchos los libros que se están escribiendo en cuanto a cómo puede crecer la iglesia y de automotivación para la superación personal. Ahora, ten presente lo que dijo el apóstol Pablo: *"El crecimiento lo da el Señor"* (1 Corintios 3:6), y Él bendice como quiere. Donde el Espíritu Santo de Dios pueda trabajar con libertad siempre habrá crecimiento. Donde esté el Señor siempre habrá pan y la gente se moverá en busca de Él.

Las multitudes no seguían a los fariseos debido a sus vidas vacías y llenas de religiosidad. La gente está cansada de tanta religiosidad y desea ver la manifestación del poder de Dios que cambia el corazón del hombre.

Siempre vemos en los evangelios cómo las multitudes seguían y buscaban a Jesús. Lo buscaban porque donde estaba Jesús siempre ocurría

---

6. Blanchard, Ken, *op. cit.*, pp. 64, 65.

algo. Había milagros, sanidades, liberación, salvación y transformación de la gente. Entonces, si queremos ver crecimiento, procuremos que en nuestras congregaciones el Señor trabaje con libertad.

La efectividad de un ministerio no la determina la cantidad de actividades que se hagan. La determina lo que el Espíritu Santo pueda hacer a través de nosotros. De nada vale que hagamos cantidades de actividades y eventos, si el Espíritu Santo no produce cambios en la gente. Mientras más tiempo pasamos a los pies del Señor, más efectivos seremos en lo que hagamos para Él.

La casa de Obed-edom fue prosperada durante los tres meses que el arca estuvo allí (2 Samuel 6:11). Si deseas un hogar saludable, procura la presencia del Señor en tu casa, y Dios suplirá todas tus necesidades.

E. *Transformados en su presencia*

Lo que transforma la calidad de vida de las personas es la presencia del Señor. Ella produce los cambios necesarios, no la mera información. He conocido personas llenas de información, conocen muy bien las Escrituras, pero viven muy lejos de ellas.

El propósito de las Escrituras es perfeccionar al hombre para toda buena obra (2 Timoteo 3:17). Cuando la información bíblica llega a la mente, debe recibirse, convertirse en conocimiento y llevarla al corazón para que haga los cambios pertinentes. Una vez recibiste la palabra del Señor, entonces ve delante de Él y pídele que te ayude a hacerla parte de tu caminar diario.

F. *Transmitimos lo que tenemos*

Uno transmite lo que tiene en el corazón. Si estamos llenos de Cristo, eso mismo transmitiremos. Pero si estamos llenos de otras cosas, como el orgullo, eso reflejaremos. Si hay amargura, así será nuestro trato con las demás personas.

En ocasiones, nuestro enemigo trata de hacernos creer que ya no necesitamos del Señor. Nos lleva a pensar que somos lo suficientemente capaces para movernos sin la ayuda divina. El Señor les dijo a sus discípulos: *"El que permanece en mí y yo en él, este lleva mucho fruto, porque separados de mí nada podéis hacer"* (Juan 15:5, RV95).

Nunca olvido a uno de los hombres que más ha influenciado mi vida, mi profesor de seminario Pablo Siebenman. A pesar de los conocimientos que tenía y los años de experiencia ministerial, cada vez que iba a enseñar o dar un consejo (algo que muchos de sus estudiantes buscábamos frecuentemente en él), oraba a Dios. Nunca olvido su oración: "Señor, yo no tengo las respuestas para aconsejar ni para enseñar. De ti dependo totalmente en esta hora. Pon tú las palabras en mis labios".

Cada vez que iba a predicar veía cómo oraba, su corazón se quebrantaba y lloraba, poniendo su vida en las manos del Señor para que se glorificara. Cuando predicaba, eso mismo transmitía. En medio de sus predicaciones y enseñanzas en el seminario, su corazón se quebrantaba, lo que nos era transmitido a todos. Fue el mejor legado que recibí de él durante mis años de estudio en el seminario.

G. *La intimidad con el Señor*

El corazón quebrantado reconoce su dependencia del Señor. Cuando dejamos de depender de Dios, entonces comenzamos a depender de nuestras capacidades y las destrezas que la experiencia nos da. Pero esta es un arma de doble filo. Por un lado funciona, pero por el otro no nos damos cuenta de que nos vamos secando espiritualmente, lo que tarde o temprano se refleja.

El hombre o la mujer de Dios que pierde el hábito de pasar tiempo a solas con Dios cada día, terminará ***muerto*** espiritualmente. Cuidemos nuestro tiempo de intimidad con el Señor.

El tiempo de intimidad con el Señor es algo que casi siempre se descuida. Son esos momentos en los que acudimos a su presencia y le hablamos de la necesidad que tenemos de Él. Ese descuido es la puerta más grande que podemos abrirle a Satanás para que le haga daño a nuestras vidas. A veces, estamos tan ocupados en afanes y hasta en la misma obra, que no tenemos tiempo para hablar con el Dueño de la obra. Muchos han testificado que se involucraron tanto en el ministerio, que descuidaron su vida de intimidad con el Señor. Cuando abrieron sus ojos ya era demasiado tarde, le habían fallado al Señor.

Le fallaron no porque desconocieran las Escrituras. Le fallaron porque descuidaron el fundamento. Lo que fundamenta nuestras vidas es la presencia del Señor. Lo que nos ayuda a mantenernos día a día es nuestra intimidad diaria con el Señor. Tiempo para hablar con Dios, tiempo para escudriñar su palabra y tiempo para meditar en Él.

Un pastor cuya biografía impactó mi vida fue W.A. Criswell. Un extraordinario hombre de Dios que levantó una gran congregación en el suroeste de los Estados Unidos. En su libro, *El pastor y su ministerio,* habla de la clave del éxito de su ministerio. Este radicó en que durante su vida ministerial dedicó todas las mañanas al Señor y luego hacía todo lo propio del ministerio. A los pastores jóvenes les aconsejaba: "Aparte las mañanas para Dios. Niéguele la entrada a todo el mundo y enciérrese con el Señor con una Biblia en su mano, con sus rodillas dobladas en la presencia de la santidad del Todopoderoso".[7]

Una vez escuché testificar a un ministro del Señor que en un momento le falló a Dios. En su testimonio reconoció que todo comenzó cuando descuidó su vida de intimidad con el Señor. Llegó un tiempo de tantas ocupaciones, que salía de su casa sin hablar con el Señor. Ya cuando regresaba a su casa estaba tan cansado que no tenía ánimo de orar.

El enemigo comenzó a ponerle lazos que comenzaron como una tela de araña, pero que luego se convirtieron en pesadas cadenas. Cuando trató de liberarse era muy tarde, no tenía las fortalezas necesarias y terminó fallándole al Señor.

El corazón que ha sido quebrantado por Dios nunca se olvida de los fundamentos. Sabe que sin la ayuda del Señor no se puede lograr nada. Cuando estés muy ocupado en actividades que te roben tu tiempo de intimidad, toma un momento para apartarte de todo e ir ante su presencia.

---

7. Criswell, W.A., *El pastor y su ministerio,* Casa Bautista de Publicaciones, El Paso, Texas, 1999, pp. 60, 61.

Un indicador que me dice cuándo me estoy llenando más de ocupaciones que del Señor, es al conversar con una persona. Comienzo a hablar, y hablo más de mí o de mis proyectos o del ministerio, que del Señor. Hablo más de mi iglesia y lo que hago, o de lo bien que me está yendo en mis negocios, que del Señor Jesucristo. Si solamente hablo sin dar oportunidad a la otra persona de que exprese sus experiencias, entonces debo tener cuidado. Me estoy llenando más de otras cosas que de Jesucristo.

H. *Jesús, modelo de intimidad con el Padre*

Nuestro Señor Jesucristo es el mejor ejemplo de oración y tiempo de intimidad con Dios. Siempre estuvo ocupado enseñando, sanando enfermos, liberando y predicando a las multitudes. Sin embargo, apartaba tiempo para estar con su Padre. Son muchas las citas bíblicas de los evangelios en las que encontramos frases como: *"Y Jesús se apartó a un lugar solitario para orar"*. ¡Qué ejemplo más tremendo tenemos en la persona de nuestro Señor!

Moisés pasó cuarenta días hablando con el Señor en el monte Sinaí. Luego descendió para exponerle al pueblo la palabra que Dios le había dado, y su rostro resplandecía (Éxodo 34:35). El estar en contacto con Dios hacía que Moisés reflejara al Señor. Si deseas que tu vida refleje al Señor, ejercita tu intimidad con Dios.

Es mejor estar en su presencia que entretenidos e involucrados en actividades que a fin de cuentas no arrojan ningún resultado. Mi esposa me dice con mucha frecuencia: "Tu tiempo es muy valioso, no se lo dediques a cualquier actividad". Siempre que ella se percata de que estoy invirtiendo mi tiempo en muchas actividades me lo recuerda.

Hoy los hombres deben ser muy sabios a la hora de invertir su tiempo. La gente de hoy es más ocupada que la de otros tiempos. Es mejor invertir nuestro tiempo libre en aquello que pueda fortalecer nuestra relación con Dios y no en actividades de poco o ningún provecho.

I. *Un ministerio efectivo*

El propósito del ministerio es que la gente vea al Señor en su actuar. Ni un gran edificio, ni multitudes de gente que visiten un templo, son los parámetros para determinar lo efectivo que es un ministerio. La efectividad de un ministerio se ve cuando hay vidas transformadas por el poder del Espíritu Santo.

Son muchas las religiones y sectas que son seguidas por cantidades de personas. Hacen templos lujosos y hasta se pueden observar ciertos cambios en el comportamiento de sus feligreses. Pero no están en la verdad. Sólo las vidas transformadas por el Señor, que cada día se quebrantan delante de su presencia, evidencian el mover del Espíritu Santo.

El único que puede transformar una vida es Dios. Nadie más puede hacerlo. Allí, donde antes había violencia y ahora hay amor, es porque Dios ha visitado ese lugar. Donde antes sólo se preocupaba por la búsqueda del placer y bienestar personal y ahora se busca el bien común, es porque Dios está ahí. Donde sólo reina el temor reverente a Dios, es porque ese lugar ha sido transformado por Dios. Donde hay hambre por la Palabra de Dios, es porque Dios está visitando ese lugar.

J. *Haz las cosas para el Señor*

Cada creyente debe tener bien en cuenta que todo lo que haga es para el Señor. Cualquier servicio que se efectúe tanto dentro como fuera de la iglesia, se hace para Dios. No trabajamos para agradar a los hombres ni para una institución. Aun en los trabajos seculares debemos entender que lo que hacemos es para Dios.

Hay momentos en la vida cuando vienen desencantos que desaniman a las personas a seguir sirviendo al Señor. Vienen momentos cuando no sentimos el gozo y la pasión por el servicio. Regularmente en etapas como esas se tiene la tendencia a dejar de servir al Señor o a restarle excelencia a lo que hacemos. Por más desánimo o desencanto que pueda venir a tu vida, no dejes de servirle al Señor ni de poner el mayor esfuerzo a lo que hagas. La apatía es un castigo que sin darnos cuenta nos hacemos a nosotros mismos, a la iglesia y al Señor.

Es posible que en tu lugar de trabajo no goces de las mejores consideraciones. Pero recuerda, tu jefe es Dios y, para Él, haces tu trabajo. El apóstol Pablo escribió: *"Siervos, obedeced en todo a vuestros amos terrenales, no sirviendo al ojo, como los que quieren agradar a los hombres, sino con corazón sincero, temiendo a Dios"* (Colosenses 3:22). Una mala actitud en tu trabajo no te ayuda a mejorar. En cambio si haces las cosas como para el Señor, verás otros resultados. El apóstol Pablo aconseja:

> *Y todo lo que hagáis, hacedlo de corazón, como para el Señor y no para los hombres; sabiendo que del Señor recibiréis la recompensa de la herencia, porque a Cristo el Señor servís.*
>
> COLOSENSES 3:23-24

A mediados de la década de los noventa estuve trabajando para una compañía de telecomunicaciones en mi país. Luego de estar laborando durante algunos meses en aquel lugar comencé a sentirme desencantado y desmotivado de aquella empresa. Entonces comencé a aplicar para entrar en otras compañías. Mientras lo hacía, cada día me sentía más desmotivado y con menos deseos de asistir al trabajo. Me quejaba constantemente del lugar donde trabajaba, y cuando llegaba, sólo pensaba en la hora de salida.

Pasó el tiempo, pero no se me abrían las puertas para un nuevo empleo, y cada día me desencantaba más del lugar donde laboraba. Empecé a hablar con el Señor y a pedirle que me abriera mejores puertas, pero no llegaba la respuesta. Constantemente se lo pedía al Señor, hasta que un día Él habló a mi vida. Me dijo: "Tu problema no es el lugar de trabajo, es tu actitud. Comienza a pensar que en ese lugar Yo soy tu jefe y que tú estás trabajando para mí".

En principio no lo entendí, pero así lo hice y comencé a ver resultados. En poco tiempo fui ascendido dentro de la misma compañía, y las condiciones mejoraron. En aquel lugar había personas que en principio se burlaban de mi fe cristiana, pero luego de mi cambio de actitud, algunos comenzaron a interesarse. En ciertos momentos surgían problemas dentro del campo de trabajo, y algunos jefes me pedían que orara por los mismos.

Cuando el Señor me hizo ver que cualquier servicio o trabajo que haga es para Él, y que debo darle lo mejor, entonces el panorama cambia a mi derredor.

Las cosas mejoraron tanto para mí que, cuando llegó el tiempo de parte de Dios de dejar aquel empleo, se me hizo difícil. Luego de salir de aquel lugar iba ocasionalmente de visitas y siempre me decían: "cuando usted quiera regresar, tiene las puertas abiertas".

El corazón quebrantado reconoce su debilidad. Sabe que todo lo que ha alcanzado es por la misericordia divina. Reconoce que nada tiene, sino que sólo es un administrador de la gracia del Señor. Si en algún momento su corazón se confundiera y tomara lo que no es suyo, se humilla delante del Señor.

En el próximo capítulo trataré acerca de cómo el corazón quebrantado es restaurado por el Señor. Si le has fallado al Señor, este es el momento para ser restaurado por Él. Adelante, tu hora ha llegado de parte de Dios.

Para reflexionar

¿A quienes ha puesto Dios a tu lado para que ministres a sus vidas? ¿Están viendo a Jesús en ti?

5

EL CORAZÓN QUEBRANTADO ALCANZA RESTAURACIÓN

Los sacrificios de Dios son el espíritu quebrantado; al corazón contrito y humillado no despreciarás tú, oh Dios.

SALMOS 51:17

Muchos de nosotros en algún momento de nuestras vidas le hemos fallado al Señor. Cuando conocimos a Cristo vinimos con una vida marcada por el pecado. No hay nada que destruya más la vida de una persona que el pecado. Es más, todos nuestros fracasos pasados son consecuencia de una vida alejada de Dios.

Pero qué bueno que las Escrituras nos dicen que el Señor vino para restaurar (sanar y salvar) lo que se había perdido. La palabra restauración significa volver a construir o reedificar y remendar. También quiere decir equipar completamente, restablecer y recuperar.

Eso es lo que hace el Señor con nosotros. Un día tuvimos la experiencia de conocerle y Él hizo su obra de sanidad en nuestros corazones. Todas esas heridas que traíamos, Él las sana por medio de su amor. Una vez somos sanados, entonces inicia en nosotros una obra transformadora por medio de su Espíritu Santo.

A. *La iglesia, un instrumento para sanar*

La Iglesia de Jesucristo es un instrumento para la restauración de la gente. Dios nos ha dado el privilegio, a través del ministerio de restauración, de ver personas que conocimos literalmente destrozadas, ser restauradas por el Señor. Gente con el alma herida, desechados por sus familiares, esclavos de adicciones y hasta físicamente marcados, han sido transformados por el Señor. ¡Qué feo es el pecado!

Familias divididas se han unido nuevamente en el amor del Señor. Jóvenes han sido liberados de los vicios y hoy son personas que guían y sustentan sus familias. Esta es una obra que el único que la hace es el Espíritu Santo de Dios.

La Iglesia del Señor está llamada a ser un instrumento en las manos de Dios para restaurar vidas. Ese fue el ministerio de nuestro Señor Jesucristo. Fue lo que hizo durante tres años y lo dejó como legado a su Iglesia para que lo siguiera haciendo.

Hay mucha gente alrededor nuestro en ruinas y agonía, producto del pecado. La Iglesia está llamada a dar la buena noticia de que en Cristo Jesús se puede ser libre. La iglesia del Señor no está llamada a condenar ni a juzgar a nadie. Estamos llamados a dar un mensaje de esperanza: "El pecado destruye, pero el Señor te ofrece vida nueva".

Cuando algún hermano ha atravesado por una experiencia en la que le ha fallado al Señor, estamos llamados a restaurarlo. Pablo escribe a los hermanos de la Iglesia de Galacia:

Hermanos, si alguno fuere sorprendido en alguna falta, vosotros que sois espirituales, restauradle con espíritu de mansedumbre, considerándote a ti mismo, no sea que tú también seas tentado.

Y luego, en el siguiente versículo, nos dice:

Sobrellevad los unos las cargas de los otros, y cumplid así la ley de Cristo.

GÁLATAS 6:1-2

A eso estamos llamados; a llorar con quien le falla al Señor, mostrándole el camino a la restauración. A mostrarle que, aunque le falló a Dios, este le ama y está dispuesto a perdonar su falta, sin reparar en el tamaño que pueda tener.

B. *El camino a la restauración*

Restaurar una vida es llevarla a los pies de la cruz de Cristo. Enseñarle que esa es la medicina que cura el pecado. En la cruz nuestro Señor Jesucristo se hizo maldición por nuestros pecados. De manera que toda maldición que había sobre nosotros Él las clavó en la cruz. Pablo afirma:

> *Y a vosotros, estando muertos en pecados y en la incircuncisión de vuestra carne, os dio vida juntamente con él, perdonándoos todos los pecados, anulando el acta de los decretos que había contra nosotros, que nos era contraria, quitándola de en medio y clavándola en la cruz, y despojando a los principados y a las potestades, los exhibió públicamente, triunfando sobre ellos en la cruz.*
>
> Colosenses 2:13-15

En una ocasión mi hijo mayor, Roger David, se enfermó cuando sólo tenía nueve meses de nacido. Un parásito afectó su estómago. Por más de tres semanas todo lo que comía lo vomitaba. Estuvo hospitalizado durante tres días, sin embargo, su problema seguía.

Mi esposa y yo nos preocupamos mucho al ver lo que estaba pasándole a nuestro hijo. Una noche oré al Señor y le dije algo que quizá algunos padres han sentido cuando han visto a sus hijos enfermos: "Padre, es un bebé, si es posible pásame su enfermedad a mí, y que él se sane. Prefiero estar enfermo en lugar de él".

En ese momento oí la voz del Señor que me dijo: "¿Sabes? Yo también tuve ese mismo sentimiento en mi corazón. Cuando vi al hombre que creé enfermo —destruido por el pecado y sin ningún tipo de esperanza—, quise que la enfermedad me invadiera a mí y no al hombre que había creado. Por eso me hice igual a ustedes, fui a la cruz y tomé el lugar de ustedes, para que fueran libres".

Cuando escuché esas palabras mis ojos se llenaron de lágrimas en gratitud al Señor por haber tomado mi lugar. Le di gracias en aquel momento por su amor y misericordia para con nosotros y le pedí por la salud de mi hijo. Dos días después, su salud fue totalmente restablecida.

En la cruz nuestro Señor llevó la maldición del pecado. Cada vez que miramos a la cruz de Cristo, somos perdonados y sanados de toda herida que nos haya producido el pecado.

En el libro de Números, capítulo 21, hallamos al pueblo de Israel en un momento en que se rebelaron contra Dios. Dios envió serpientes ardientes para que atacaran al pueblo. Eso trajo una gran mortandad. Pero el pueblo lloró y se arrepintió de su maldad. Entonces Dios le dijo a Moisés que se hiciera una serpiente de bronce y la colgara sobre un asta. Todo el que era mordido por una serpiente la miraba y era sanado.

Cuando miramos a la cruz de Cristo somos sanados por Él. Somos sanos del pecado, de la enfermedad física y espiritual, y somos liberados de toda maldición del pasado.

Antes de ir a la cruz nuestro Señor fue brutalmente golpeado. Fueron treinta y nueve latigazos que recibió en su cuerpo. Pero cada uno de esos latigazos habla de que llevó nuestras enfermedades en la cruz. Isaías declara:

Mas él herido fue por nuestras rebeliones, molido por nuestros pecados; el castigo de nuestra paz fue sobre él, y por su llaga fuimos nosotros curados.

ISAÍAS 53:5

Cuando Cristo fue a la cruz, le pusieron una corona de espina sobre su cabeza. Dios le dijo al hombre cuando pecó: *"Espinos y cardos te producirá la tierra"* (Génesis 3:18), indicando la ruina del hombre. Pero Cristo llevó esa maldición cuando le fue puesta la corona de espina sobre su cabeza.

Sus extremidades fueron colgadas con clavos. Los clavos en las manos simbolizan que somos libres de toda culpabilidad y todos los argumentos que Satanás pueda levantar en contra nuestra.

El clavo en sus pies, nos habla de que somos libres de toda opresión. Cuando Jesús estuvo en la cruz, sus brazos fueron extendidos, colgados por los clavos. Esa posición dificultaba la respiración del Señor. Para poder respirar tenía que empinarse sobre aquellos clavos, lo cual le causaba bastante dolor. En momentos de agonía, cuando sientas dolor en tu pecho, recuerda lo que hizo Cristo por ti en la cruz. Ya Él llevó toda tu agonía.

La lanza que atravesó su costado habla de la sanidad interior. El corazón de nuestro Señor explotó, de forma que cuando la lanza atravesó su costado, brotó agua y sangre. Todo nuestro dolor y las heridas del pasado fueron llevados por Cristo en la cruz del Calvario. Hoy nos muestra el camino para ser restaurados por Él. Nos dice: "Yo llevé tu dolor en la cruz".

Como iglesia del Señor somos llamados a enseñar esa verdad. Que el hombre puede ser restaurado por el Señor cuando se acerca a la cruz. En ella descansa nuestro evangelio. Pablo dijo que: *"Para los que se pierden la cruz es locura, pero para los que se salvan es poder de Dios"* (1 Corintios 1:18).

C. *Pasos para la restauración*

En tu caminar con Dios es probable que en cierto momento le falles al Señor. El apóstol Pablo nos advierte: *"Así que, el que piensa estar firme, mire que no caiga"* (1 Corintios 10:12). Para caer lo único que se necesita es estar firme y, si en algún momento te sucede, deseo mostrarte algunos pasos que te ayudarán a levantarte.

1. Desea y disponte a ser restaurado. Si en algún momento de tu vida le fallas al Señor y deseas ser levantado, lo primero que necesitas es disposición y deseo de hacerlo. A veces, cuando se viven experiencias como estas existe el deseo de ser restaurados, pero no la disposición para hacerlo. Muchas veces, la persona se hunde en un mar de culpabilidad que le lleva a la depresión y piensa que Dios nunca le va a perdonar. Entonces, es muy importante el deseo de ser restaurado y disponerse para ello. Es cierto que va a costar, pero es mucho mejor que pasar toda una vida afligida apartada de Dios y culpando a otros.

El hijo pródigo lo entendió muy bien. Cuando vio su condición y volvió en sí, se dispuso a volver a la casa de su padre y humillarse, con tal de salir de aquella condición.

Para ser restaurados hay que estar dispuestos a pagar el precio. Es posible que tengas que humillarte. Pero recuerda que Dios levanta a quien se humilla. El padre del hijo pródigo vio la acción de su hijo. Este esperaba que el padre lo recibiera como a uno de sus jornaleros. Pero el padre le devolvió su posición de hijo y su lugar en su casa.

Esto fue lo que más ayudó a Germán Alcántara, en su proceso de restauración. Antes de conocer a Cristo, este joven vivió una vida sumida en el pecado, caminando en el mundo de las drogas. Pero en el instante en que rindió su vida a Cristo recibió una gran liberación.

Durante sus primeros pasos en el Señor en muchas ocasiones sintió el deseo de recaer en las drogas, y volver atrás. Siempre les decimos a las personas que llegan a nosotros con algún tipo de adicción, que su liberación va a depender mucho de su disposición. Germán estuvo dispuesto. En su testimonio comparte que el hecho de saber que su fortaleza viene del Señor, y su dependencia de Él, es lo que lo ha sostenido.

Él dispuso en su corazón que Dios lo restaure, y lo levante, y haga de él un hombre nuevo. El cambio es notable, y sus amigos y conocidos dan testimonio acerca de la transformación de su vida. Esto ha contribuido para que algunos, de quienes le conocían antes, entregaran su vida al Señor.

2. Arrepiéntete: Clave de la restauración. El arrepentimiento es un elemento indispensable para alcanzar restauración. La falta de arrepentimiento impide que la persona sea restaurada por el Señor. Arrepentirse significa volverse. Reconocer que el camino en que se ha transitado desagrada a Dios, lo que nos conduce a la decisión de apartarnos.

La falta de arrepentimiento impide reconocer que se ha pecado contra Dios, lo que obstaculiza la restauración de la persona. A veces, me he encontrado con personas que no admiten su falta. Otros, aunque lo admiten, no están dispuestos a apartarse del pecado. La Biblia nos enseña: *"El que encubre sus pecados no prosperará, mas el que los confiesa y los abandona hallará misericordia"* (Proverbios 28:13, LBLA).

En ocasiones algunas personas lo que sienten es vergüenza y remordimiento más que arrepentimiento. Les importa más su prestigio —y que nadie lo sepa—, que la restauración del Señor. Les es difícil reconocer su falta, cuando lo hacen buscan un culpable. Culpan a Satanás, a los demonios e incluso a otras personas. No sienten ningún tipo de dolor por la falta que han cometido. En esos casos, cuando se pide perdón al Señor, se hace de una manera muy ambigua: "Señor si te he fallado, perdóname". Por supuesto que le fallaste, pero debes reconocerlo.

Una de las cosas más difíciles para el humano es admitir un error. Siempre se trata de buscar un culpable. Fue la misma experiencia que se vivió en el huerto del Edén. El hombre culpó a la mujer y esta a la serpiente.

El hombre con el corazón quebrantado llora por su falta. No hay fortalezas de orgullo que lo motiven a guardar su prestigio y lo que la gente pueda decir. El corazón quebrantado reconoce cuando le ha fallado al Señor. Entonces busca el perdón y se aparta del camino que desagrada a Dios.

Uno de los salmos más preciosos es el 51. En él el salmista hace una oración de arrepentimiento después de ser confrontado por el profeta Natán. David cometió pecado de adulterio con Betsabé, la mujer de Urías, y más tarde homicidio. Luego de su pecado, para cubrir su falta, mandó a matar a Urías. Una vez arrepentido, David escribe esta oración. La redactó con el corazón quebrantado. Sabía que le había fallado a Dios y se sentía como un miserable.

A veces, me he imaginado a David escribiendo ese salmo. Tendido en el suelo, su rostro no se atrevía a alzarse para ver a Dios. Se sentía el hombre más miserable que había en la tierra. Por eso viene con lágrimas delante del Señor y le suplica que lo perdone, borre su pecado y limpie su corazón. Le pide que, por favor, no quite de él al Espíritu Santo, y que le devuelva el gozo de la salvación.

Esa es la actitud de un hombre arrepentido y con el alma quebrantada. Se siente mal por haberle fallado a su Dios. En otra ocasión también escribe:

Bienaventurado el hombre al cual Jehová no culpa de pecado, y en cuyo
espíritu no hay engaño. Mientras callé, se envejecieron mis huesos en mi
gemir todo el día. Porque de día y de noche se agravó sobre mí tu mano; se
volvió mi verdor en sequedades de verano.

SALMOS 32:2-4

El pecado le trajo mucho dolor a su alma. Mientras mantuvo su
situación oculta aun su cuerpo se deterioró. Eso es lo que trae el pecado
al hombre, dolor y miseria. Pero cuando te acercas a Dios, Él asume la
misma actitud del padre del hijo pródigo, te perdona, te hace una fiesta
y te devuelve tu lugar.

En muchos casos, después de la restauración, viene una mayor gloria. Porque esas experiencias permiten ver áreas en las que Dios necesi-
taba trabajar en la vida de la persona. El profeta Hageo habló sobre la
restauración del templo de Israel diciendo: *"La gloria postrera de esta casa*
será mayor que la primera, ha dicho Jehová de los ejércitos" (Hageo 2:9).

3. Acércate a la cruz de Cristo. Una vez reconozcas que le has fallado al Señor, y te hayas arrepentido y humillado delante de Él, acércate
a la cruz. La medicina de un alma herida es la cruz de Cristo. Cuando
te acercas a ella, hallas el perdón divino que te hace falta. Ten pendiente
que no importa lo que haya pasado, Dios está dispuesto a perdonar. La
Biblia dice: *"Si vuestros pecados fueren como la grana, como la nieve serán*
*emblanquecidos; si fueren **rojos** como el **carmesí**, vendrán a ser como blanca*
lana" (Isaías 1:18).

4. Perdónate. Una parte importante para la restauración es que la
persona logre perdonarse a sí misma. Hay los que cometieron un error y,
a pesar de que Dios les ha perdonado, todavía no se han perdonado a sí
mismos. Cuando eso sucede se vive con muchos complejos en el interior.
La persona vive descalificando a todo aquel que falla o se equivoca. Eso
se debe al deseo de ocultar el error que se cometió. La manera de auto-
justificarse es señalando las faltas y errores de los demás.

El legalismo religioso de la época de Jesús era experto buscando las
fallas en los demás. Por eso el Señor enfrentó, en muchas ocasiones, a

los fariseos de su época. Señalaban lo que los demás hacían, pero no quitaban la viga que tenían en frente. Entiende esto: Si ya Cristo te perdonó, no tienes que seguir llevando remordimiento en el corazón. Cuando Él perdona, también olvida. Lo único que tienes que hacer es creer que ya Dios te perdonó. Asimilar esto es parte de la restauración y, cuando lo logras, das un gran paso en el proceso de restauración.

Por tanto, cuando veas a otra persona cometer el mismo error que tú, ya no tendrás necesidad de señalarla para justificarte. Pero sí podrás ayudarla a levantarse, enseñándole que nuestro Dios es un Dios perdonador.

5. Pide perdón. En ocasiones se cometen errores que afectan a otras personas. Por tanto es muy importante pedir perdón. Si al fallarle al Señor les causaste heridas a otras personas, debes tener la disposición de pedirles perdón. El hijo pródigo lo hizo ante su padre. Le costó tener que humillarse, pero valió la pena.

Es posible que sientas temor para dar ese paso. Quizás pienses que no va a ser bien recibido. Pero atrévete a darlo. Recuerda que el que se humilla es levantado.

6. Busca una mano amiga. En experiencias como esas es de gran bendición contar con una mano amiga.

Nunca olvido una experiencia que viví en casa de unos amigos. El hijo menor de la casa había desobedecido a sus padres, por lo que estos lo disciplinaron. Al cabo de media hora, una de sus hermanas se acercó a sus padres y les dijo: "Mi hermano desea pedir perdón, y yo estoy aquí para interceder por él". Su hermanito se acercó a sus padres, pero tenía mucho temor aún de hablar con ellos. Sin embargo, su hermanita lo animó y le dijo: "Recuerda que estoy aquí para darte ánimo". Luego su hermanito se acercó a sus padres, les pidió perdón y estos le perdonaron. Esa experiencia marcó mi vida. Pude ver lo maravilloso que es tener un hermano que te dé la mano en momentos difíciles.

Tener una mano amiga en el proceso de restauración es una gran bendición. Pero debemos tener cuidado de las personas a quienes nos acercamos. Más adelante hablaré sobre el perfil del restaurador para que sepas las cualidades de una mano amiga en el proceso de restauración.

7. Aprópiate de las promesas del Señor. Uno de los pensamientos que vienen al corazón luego de experiencias como esas es, ¿qué sucederá si quienes te rodeaban te vuelven a ver de la misma manera que antes? A veces piensas que los hombres perdonan, pero no olvidan. Pero lo más importante es saber que Dios te perdonó y que lo aceptes. Que Él es fiel, y que el pecado que Él perdonó, no existe más en su memoria.

El Salmo 103:2-5 nos dice: *"Bendice, alma mía, a Jehová, y no olvides ninguno de sus beneficios. Él es quien perdona todas tus iniquidades, el que sana todas tus dolencias; el que rescata del hoyo tu vida, el que te corona de favores y misericordias; el que sacia de bien tu boca de modo que te rejuvenezcas como el águila".*

Si Dios perdonó, no hay que seguir culpándose a sí mismo. Sólo hay que seguir adelante creyendo las promesas del Señor para nuestras vidas.

D. *Perfil del restaurador: Nehemías*

Dios espera que todo creyente sea un instrumento de restauración para otras personas. Pero es muy importante desarrollar el carácter de restaurador. Quisiera compartir sobre el perfil del restaurador tomando como modelo a Nehemías.

Nehemías fue un instrumento de Dios para restaurar a su pueblo. Fue el hombre que usó para la restauración de los muros de la ciudad de Jerusalén. En todo ese proyecto encontramos algunas acciones y actitudes que nos muestran el perfil del restaurador.

1. El restaurador se identifica con la situación de los demás. Restaurador es alguien que se pone en el mismo lugar de quien necesita ser restaurado. Se identifica con su dolor y llora con él. Cuando Nehemías escuchó el estado en que se encontraban sus hermanos dijo:

Cuando escuché estas palabras me senté y lloré, e hice duelo por algunos días, y ayuné y oré delante del Dios de los cielos.

NEHEMÍAS 1:4

Su pueblo sufría gran afrenta y mal. Las ciudades estaban destruidas y sus muros derribados. La noticia hizo que el corazón de Nehemías se quebrantase.

¡Qué oración tan tremenda elevó al trono de Dios! No hizo una oración declarando juicio sobre sus hermanos. Tampoco le dijo al Señor que era bueno que les pasara por su pecado. Oró a Dios apelando a su misericordia y a su palabra. Se amparó en la palabra que le había dado a Moisés de que: *"Aunque el pueblo pecare y a causa de esto fuere disperso, si se humillaban, él estaría siempre dispuesto a restaurarles"* (Nehemías 1:8, 9).

Cuando confesó el pecado del pueblo, lo hizo como si también fuera uno con ellos. Podemos decir que Nehemías no era la causa de ese mal. Pero se identificó con la condición de sus hermanos y se quebrantó delante de Dios por ellos.

Nehemías bien pudo ignorar la situación de sus hermanos. Él estaba muy bien en el palacio real. Tenía una buena posición siendo copero del rey. Pero prefirió arriesgar su vida para que sus hermanos fueran restaurados. Cuando se acercó al rey con su rostro afligido (lo cual le podía producir una sentencia de muerte) intercedió por sus hermanos. El rey aceptó su petición y lo envió con todo lo necesario para que pudiera ver su deseo hecho realidad.

2. El restaurador ora a Dios. Restaurador es alguien que depende de Dios. Que no se apoya en su experiencia, sino en el Señor. Cuando Nehemías supo la situación de sus hermanos, lo primero que hizo fue orar al Señor. Él tenía la convicción de que Dios levantaría a su pueblo y buscó su dirección. Cabe aquí el siguiente consejo: Nunca se precipite a hacer nada sin consultar al Señor. Dios le dará instrucciones para hacer las cosas. Habrá momentos en los que no tendrá la respuesta en sus labios, no se precipite a hablar. Mejor ore a Dios, y Él pondrá la palabra certera en sus labios.

3. El restaurador debe conocer la condición de la persona. Cuando Nehemías llegó a Jerusalén caminó por las calles de la ciudad (Nehemías 1:13). Quería conocer los pormenores del estado en que estaba. Había escuchado de la situación, pero quería conocerla directamente.

El restaurador debe conocer la condición real de la persona. Debe ganar la confianza de quien ha de ser restaurado y tener un conocimiento correcto de la situación. No puede dar consejos a ciegas, ni mucho menos suponiendo. Sin embargo, el que ha de ser restaurado debe ser sincero. La poca sinceridad detiene el proceso de restauración.

4. El restaurador debe ser discreto. No se puede comentar lo que a confianza se ha ganado. Nehemías fue discreto con su plan (Nehemías 2:12), no le comentó a nadie lo que habría de hacer. En ocasiones, la falta de discreción puede arruinar un proyecto. No hay cosa que produzca más dolor que defraudar la confianza de una persona. Eso herirá más el corazón de quien ha de ser restaurado, que quizás la misma falta que ha cometido. Como restaurador pídale a Dios que le dé discreción, y sea sabio al manejar la información que consiga.

5. El restaurador es alguien misericordioso. Restaurador es el que muestra misericordia. Dios permite que el pecado sea evidenciado no para castigar a las personas, sino para traer sanidad y restauración. Para que esa vida no se pierda. El carácter de Dios es amor y misericordia. Santiago dice:

> *Porque juicio sin misericordia se hará para aquel que no tuviere misericordia y la misericordia triunfa sobre el juicio.*
>
> SANTIAGO 2:13

Esta es una Escritura que trato de atesorarla diariamente en mi corazón. Fui llamado a hacer misericordia a los demás. Bien dijo nuestro Señor: *"Bienaventurados los misericordiosos porque ellos alcanzarán misericordia"* (Mateo 5:7). Como trates al otro, así serás tratado.

El restaurador siempre mostrará el camino de la misericordia. Mientras estemos en este planeta, habrá esperanza. En la mente de un restaurador no puede existir el pensamiento de que quien hizo mal debe pagar por ello.

Cuando Natán confrontó a David por su pecado lo hizo con una anécdota. Al final David le dice: *"Quien tal hizo es digno de muerte"*

(2 Samuel 12:5). Natán le contestó: *"Pero ese hombre eres tú"* (2 Samuel 12:7). David quedó atónito ante aquello, por lo que tuvo que cambiar la actitud de su corazón.

El apóstol Pablo invita a la Iglesia de Corinto a restaurar a aquel que le haya fallado al Señor. En 2 Corintios 2:6-7 dice:

Le basta a tal persona esta represión hecha por muchos, así que al contrario, vosotros más bien debéis perdonarle y consolarle, para que no sea consumido de demasiada tristeza.

Creo que en la tierra no existe un creyente que desee fallarle al Señor. Cuando eso sucede su corazón se entristece y una herida se abre en su alma. Ahora bien, aquellos que le rodean determinarán el tamaño de la herida. ¿De qué manera? No clasificando el pecado como grande o pequeño, ni señalándolo o pisoteándolo, o echándolo fuera del cuerpo de Cristo. Recuerde siempre la misericordia del Señor.

Fue la misericordia de Dios lo que llevó a Nehemías a lanzarse en ese proyecto. Obedeció y vio el resultado.

6. El restaurador está dispuesto a invertir tiempo. Ayudar en un proceso de restauración no es fácil. A veces es más fácil derribar una obra e iniciarla nuevamente. Pero a nuestro Dios le encanta restaurar. Para eso invierte tiempo dando oportunidades, una y otra vez. Como restaurador se debe estar dispuesto a invertir tiempo. No se desespere pensando que no ha logrado nada. Piense que Dios también invirtió tiempo en usted para darle salvación. Además, recuerde que el hecho de invertir tiempo es una muestra de amor.

El rey le preguntó a Nehemías: *¿Qué tiempo durará tu viaje?* (Nehemías 2:6). La Biblia no da la respuesta clara de Nehemías. Solamente el viaje desde Persia a Jerusalén le tomaría unas seis semanas y añádale a eso el tiempo de la reconstrucción y las reformas. Lo cierto es que Nehemías no se cansaría hasta ver la obra terminada, no importando el tiempo que necesitara.

7. Sólo un corazón quebrantado puede restaurar. Dios es tan diferente al hombre. En la mente de Dios no existe el pecado que ya ha perdonado. En cambio al hombre le es difícil perdonar. Algunos hasta dicen: *"Yo perdono, pero no olvido".*

Cuando el hijo pródigo volvió a la casa de su padre fue recibido con los brazos abiertos. Su padre le devolvió su posición de hijo, la cual había despreciado, le cambió sus vestiduras y hasta le hizo una fiesta. En cambio la actitud de su hermano mayor fue muy diferente. Le habló con aspereza a su padre, en su manera de hablar mostró que su condición era peor que la de su hermano que había regresado. No le agradó la fiesta que su padre le había hecho a su hermano porque a él nunca le habían hecho una. Su padre tuvo que decirle: *"No te has dado cuenta que todo lo que tengo es tuyo"* (Lucas 15:31).

Muchos creyentes no disfrutan de las bendiciones de su Padre celestial. No se han percatado de que ya han sido perdonados y que todo lo que Él tiene es para nosotros. No hay por qué estar amargados ni tristes, ya fuimos perdonados por el Señor.

Solamente alguien con un corazón quebrantado puede restaurar. Nadie puede dar lo que no tiene. Solamente una persona que ha experimentado el amor de Dios en tiempos oscuros, puede ser usada por el Señor para eso. Cuando eres restaurado, conoces lo que significa la restauración. Conoces lo amargo que es fallarle a Dios. Pero también descubres lo maravilloso que es encontrar una mano amiga en medio del dolor.

8. El restaurador siempre tiene una palabra de ánimo. El restaurador no trata con aspereza. Trata a los demás con dulzura y amabilidad. Siempre está dando palabras de ánimo y de fe que levanten a los afligidos. En los labios del restaurador siempre está la frase: *"Con Dios se puede".*

Cuando Nehemías llegó ante sus hermanos les habló de una manera exitosa. Les habló de cómo Dios había estado con él y cómo le había ayudado a llegar hasta allá. Eso llegó tan profundo al corazón de sus hermanos que su respuesta fue: *"Levantémonos y edifiquemos"* (Nehemías 2:18). Fue tan especial lo que les dijo Nehemías que ya no se vieron como un pueblo en ruinas, sino como un pueblo levantado por el Señor.

9. El restaurador es un guía. El restaurador ayuda a otros a salir de su estado de pecado y depresión para llevarlos a la cruz de Cristo y a que sus vidas sean levantadas por Él. Nehemías llevó al pueblo a la confesión. En el capítulo 13 vemos cómo lo condujo a apartarse del pecado, y en el capítulo 6 del libro de Esdras vemos al pueblo celebrar la pascua. Eso hace un restaurador. Ayuda a restaurar esa relación con el Señor y se goza cuando esa vida se acerca a la mesa del Señor para la comunión con Él.

10. La restauración llega cuando los muros son restaurados. En la antigüedad las ciudades estaban amuralladas. Eso le brindaba protección. De hecho, uno de los obstáculos que tenía el pueblo de Israel para conquistar Jericó era precisamente sus muros. Cuando Jerusalén fue sitiada por los babilonios, fue incendiada y el muro derribado.

Cuando los muros son derribados, las ciudades quedan sin fortalezas y vulnerables ante los ataques de sus enemigos. De igual manera cuando los muros de un creyente son derribados, este queda vulnerable ante el ataque de Satanás.

Nehemías, cuando llegó a Jerusalén, se concentró en el muro. La Escritura dice que el muro fue terminado en 52 días, por eso sus enemigos pensaron que ellos se estaban rebelando contra el rey (Nehemías 6:6-7, 15). La restauración viene a la persona cuando le es repuesto el gozo. Su fortaleza es levantada nuevamente y le es devuelta la paz del Señor.

Nehemías dijo: *"El gozo del Señor es nuestra fortaleza"* (Nehemías 8:10, NVI). La fortaleza del creyente, su muro de protección, es el gozo del Señor. Eso es lo que lo sostiene ante los ataques de su enemigo.

Pablo escribe: *"Porque el reino de Dios no es comida ni bebida, sino justicia, paz y gozo en el Espíritu Santo"* (Romanos 14:17). Una persona que se encuentra con el Señor recibe estos tres beneficios del reino: la justicia, que es la revelación del amor de Dios en Jesucristo (Romanos 5:1), el gozo y la paz.

Cuando alguien le falla al Señor lo primero que pierde es el gozo. El enemigo siempre trata de quitarle el gozo al creyente y, una vez que lo logra, el corazón del creyente queda sin protección. Entonces entra y saquea todo el botín; llevándose la paz y apagando el amor en el corazón de la persona. Se roba la paz, esa paz de la cual el Señor Jesucristo nos dijo: *"La paz os dejo, mi paz os doy; yo no os la doy como el mundo la da. No se turbe vuestro corazón ni tengan miedo"* (Juan 14:27). El apóstol Pablo describe esa paz como: *"Y la paz de Dios, que sobrepasa todo entendimiento, guardará vuestros corazones y vuestros pensamientos en Cristo Jesús"* (Filipenses 4:7). Por eso, cuando alguien le falla al Señor se siente afligido, intranquilo y lleno de temores.

David le pidió al Señor en su oración del Salmo 51:11: *"Vuélveme el gozo de tu salvación"*. En los versículos 18 y 19 le pide: *"Haz bien con tu benevolencia a Sión; edifica los muros de Jerusalén. Entonces te agradarán los sacrificios de justicia, el holocausto u ofrenda del todo quemada; entonces ofrecerán becerros sobre tu altar"*.

Cuando el muro es levantado, el gozo es devuelto, entonces la adoración es restaurada. Cuando los muros son levantados, se pueden llevar sacrificios al altar de Dios y el Señor se agrada de ellos.

Mientras Nehemías leía al pueblo la ley de Dios, estos se entristecieron a causa de su pecado. Entonces Nehemías le dijo al pueblo:

Al oír las palabras de la ley, la gente comenzó a llorar. Por eso el gobernador Nehemías, el sacerdote y maestro Esdras, y los levitas que enseñaban al pueblo, les dijeron: "No lloren ni se pongan tristes, porque éste día ha sido consagrado al SEÑOR su Dios." Luego Nehemías añadió: "Ya pueden irse. Coman bien, tomen bebidas dulces y compartan su comida con quienes no tengan nada, porque éste día ha sido consagrado a nuestro Señor. No estén tristes, pues el gozo del Señor es nuestra fortaleza".

El tiempo de la restauración había llegado al pueblo. El tiempo en que no se podía adorar a Dios había terminado. Ahora, era tiempo de gozo y celebración. La restauración termina cuando el gozo es restaurado.

11. El restaurador siempre dirá: Dios está dispuesto a perdonar. No importa el pecado que hayas cometido, Él está dispuesto a perdonarte. Pablo escribe en 2 Timoteo 2:13: *"Si fuéremos infieles, él permanece fiel; él no puede negarse a sí mismo"*. Por encima de todas las cosas, Dios es fiel.

El gozo del restaurador se manifiesta al ver la vida levantada. Su gozo es ver al restaurado levantar sus manos al cielo y dar gracias a Dios por su amor y misericordia. Hasta que no lo logre no estará satisfecho. Si en algún momento le fallas a Dios, lo mejor que puedes hacer es ir a su presencia y recibir su perdón. Nuestro Dios no es como muchos se lo imaginan: Un anciano sentado en un sillón en el cielo, mal humorado, con una vara en la mano, esperando que alguien cometa pecado para castigarle. Él es un Padre de amor y misericordia. Lo único que necesitamos nosotros es arrepentirnos, reconocer nuestras fallas y desear recibir el perdón de nuestro Dios.

Sólo un corazón quebrantado alcanza restauración, sabe reconocer cuando le ha fallado al Señor y se humilla delante de Él. Lo más importante para él es agradar al Señor, vivir en paz con Él, y que su vida hable de lo grande y maravilloso que es el Señor.

En el próximo capítulo trataré acerca de cómo el hombre con un corazón quebrantado busca agradar al Señor. Ahora deseo invitarte a que si en este momento le has estado fallado al Señor en alguna área de tu vida, le pidas perdón. Pídele que te dé fortaleza, porque deseas vivir una vida que le agrade en todo.

Para reflexionar

1. ¿Alguna vez le fallaste al Señor? ¿Qué fue lo que más te ayudó a levantarte?
2. ¿Estarías dispuesto a ayudar a alguien que le haya fallado al Señor?

6

EL CORAZÓN QUEBRANTADO PROCURA AGRADAR AL SEÑOR

Los sacrificios de Dios son el espíritu quebrantado.

SALMOS 51:17

El corazón quebrantado busca agradar al Señor en todo, en su manera de comportarse, como trata a los demás y las cosas que hace. Todo lo hace con mucho temor y dedicación porque sabe que lo que hace es para Dios.

En uno de los capítulos anteriores hablamos de cómo el corazón quebrantado reconoce al Señor en todo lo que hace. Procura que los demás puedan ver a Cristo y reconocerle como Señor. Ahora hablamos de un aspecto vinculado a su relación con el Señor. El que ha sido quebrantado dice: "No tan solo deseo que ellos te vean a través de mí, sino que te agrades de las cosas que hago porque eres el centro de mi vida".

A. *Cuando queremos agradar a Dios*

1. Somos agradecidos. Algo muy importante es que, el corazón que ha sido quebrantado no busca agradar a Dios por el simple hecho de buscar su favor. Más bien, lo hace en actitud de agradecimiento, por lo que Dios ha hecho en su vida. Es el agradecimiento por lo que Dios ha hecho lo que le mueve a desear agradarle en todo.

En una ocasión a Jesús le salieron al encuentro diez leprosos. Jesús les dijo: *"Vayan y muéstrense al sacerdote"*. Sucedió que mientras iban de camino los diez fueron sanados. Pero sólo uno se devolvió a darle las gracias. Los demás se fueron y no dieron gracias a Dios. Pero este que se devolvió, impactó el corazón del Señor. Jesús le dijo: *"Levántate y vete, tu fe te ha salvado"* (Lucas 17:19).

El corazón quebrantado procura agradar al Señor. Reconoce lo que Dios ha hecho en su vida, comenzando por el hecho de que Cristo fue a la cruz para darle salvación. Reconoce también que lo que tiene y lo que es, se lo debe al Señor. Esto lo mueve a poner a Dios como el centro de su vida.

2. Le adoramos. Cuando el hombre se enamora de una mujer hace todo lo posible por agradarla y cortejarla. Desea complacerla en todo cuanto le sea posible y mucho más. Si pudiera bajar una estrella del cielo y obsequiársela lo haría, porque desea hacerla sentir halagada. El corazón quebrantado ama a Dios y está tan enamorado y agradecido de Él que busca todas las maneras posibles de hacerlo sentir halagado.

A eso le llamamos adoración. Adoración es decirle a Dios: "Todo lo hago para ti. Te amo tanto y tanto, y estoy tan agradecido de ti, que todo lo hago para ti".

En la antigüedad, cuando los hombres venían delante de la presencia del Señor lo hacían con un sacrificio. Cuando este sacrificio era agradable al Señor subía como una ofrenda de olor grata a su presencia. En algunas ocasiones descendía fuego sobre la ofrenda que era traída al altar del Señor. Esa era la señal de que Dios se había agradado de la ofrenda.

3. Le obedecemos. El apóstol Pablo escribe:

Así que, hermanos, os ruego por las misericordias de Dios, que presentéis vuestros cuerpos en sacrificio vivo, santo, agradable a Dios, que es vuestro culto racional.

ROMANOS 12:1

Esto habla de una vida de obediencia, y es lo que el corazón quebrantado busca. En la antigüedad era un animal sacrificado. Hoy somos nosotros la ofrenda viva que, en todo, busca agradar al Señor. Esto se logra mediante una vida de obediencia al Señor.

La vida de adoración comienza con una vida de obediencia. En una ocasión Jesús les dijo a sus discípulos: *"Ustedes son mis amigos si hacen lo que yo les mando"* (Juan 15:14). En otra oportunidad les dijo: *"Si me amáis, guarden mis mandamientos"* (Juan 14:15). Nuestro amor a Él se va a reflejar en la medida en que estemos dispuestos a obedecerle, no importando lo que nos pueda costar.

En una ocasión Dios envió a Saúl a exterminar a todos los amalecitas, tanto a hombres como animales. Pero Saúl no obedeció a la palabra del Señor. Entonces Dios lo confrontó a través del profeta Samuel y le dijo: ¿Por qué no obedeciste? Saúl le contestó: *"Sí, yo obedecí, lo que pasa es que dejé los animales preciosos para hacer sacrificios al Señor".* Samuel le dijo entonces:

> *¿Se complace Jehová tanto en los holocaustos y víctimas como en que se obedezca a las palabras de Jehová? Ciertamente el obedecer es mejor que los sacrificios, y el prestar atención que la grosura de los carneros.*
>
> 1 SAMUEL 15:22

Si queremos agradar a Dios, debemos estar dispuestos a obedecerle antes que ofrecerle sacrificios.

A veces he testificado a algunas personas acerca del amor del Señor y me dicen: "Sí, yo amo a Dios, Él es el centro de lo que hago, y todo se lo debo a Él". Entonces cuando comienzo a hablarles de Dios y su palabra se dan cuenta de que no lo están haciendo de la manera que Él espera. Al verse confrontados me dicen: "Es que yo tengo mi propia manera de agradar a Dios".

No hay manera particular de agradar a Dios. Recuerde que la vida de adoración comienza mediante una vida de obediencia a su Palabra. La primera vez que David intentó llevar el arca a Jerusalén fracasó. Ese fracaso fue por no hacer las cosas como Dios ordenó. Sólo los levitas podían cargar el arca. No podía ser trasladada en carro, ni todo el mundo podía tocarla. Por esa razón Uza pereció frente a todo el pueblo (2 Samuel 6:7). Entonces David tuvo que consultar a los sacerdotes para que les enseñasen cómo debían hacerse las cosas. Así lo hicieron y Dios estuvo en medio de ellos (1 Crónicas 15:1-29).

B. *Una vida de santidad*

Agradar a Dios también habla de vivir una vida apartada para Él. Es lo que se conoce como santidad. El único que hace la obra de santificación en nuestras vidas es el Señor. La santidad no se logra encerrándose en un monasterio aislado del mundo exterior, ese no es el plan de Dios.

La santidad es el resultado de la obra del Espíritu Santo en nuestras vidas. Cuando llegamos a Cristo, el Espíritu Santo entra a hacer morada en nosotros. Ahora bien, Dios nos anhela celosamente y por eso cuando hacemos algo que no le agrada, nuestro corazón se contrista.

El Espíritu Santo se entristece dentro de nosotros cuando estamos haciendo las cosas de espalda a Dios. No te acusa, pero te dice: "Me siento mal". Entonces nosotros, nos humillamos y le pedimos perdón. Como en nuestro corazón está el deseo de agradarle, procuramos vivir una vida apartada de todo aquello que nos pueda inducir a fallarle.

Cuando el hombre se encuentra con el Señor, se produce un cambio en su vida. Su manera de vivir comienza a ser diferente. Ya no se vive para el mundo, sino para Dios. Él comienza a ser el centro de nuestras vidas y, como le amamos, procuramos vivir para Él.

Mucha gente viene al Señor, pero nunca logra desprenderse de la vida pasada. Pasa el tiempo, pero su comportamiento y actitudes son de alguien que todavía no ha tenido un encuentro con el Señor. A muchos les cuesta dejar sus oficios incompatibles con la ética cristiana porque están muy aferrados a ellos. Si queremos agradar a Dios debemos desprendernos de todo lo que a Él le desagrada. No importa cuánto valor tenga para nosotros, Dios está por encima de todas las cosas. Cuando le damos su lugar, Él nos honra.

Abraham es el hombre que conocemos como el padre de la fe. Pero también fue el hombre del cual la Biblia llama amigo de Dios. Nunca le negó nada a Dios. En una ocasión, Dios le pidió que sacrificara a su hijo Isaac, del cual Dios le había prometido una gran descendencia. Sin embargo, Abraham no se lo negó. Este acto movió tanto el corazón de Dios que le confirmó nuevamente su pacto, y le dijo:

Por mí mismo he jurado, dice Jehová, que por cuanto has hecho esto, y no me has rehusado tu hijo, tu único hijo; de cierto te bendeciré, y multiplicaré tu descendencia como las estrellas del cielo y como la arena que está a la orilla del mar; y tu descendencia poseerá la puerta de sus enemigos. En tu simiente serán benditas todas las naciones de la tierra, por cuanto obedeciste mi voz.
GÉNESIS 22:16-18

Abraham no llegó a cometer el hecho en sí. Pero estuvo dispuesto a hacerlo, y lo hizo en su corazón. Por esa razón el autor de Hebreos dice que lo sacrificó pero, por la fe, le fue devuelto (Hebreos 11:17-19). Le mostró a Dios que lo amaba más que a todas las cosas.

Conocí a un hombre que tenía negocios de bebidas alcohólicas y que llegó a los pies del Señor. Nunca pudo desprenderse de sus negocios por lo lucrativo que eran. Una vez me dijo: "Voy a dejar este tipo de negocios cuando el Señor hable a mi vida". Ese tiempo nunca llegó y aquel hombre terminó dándole la espalda al Señor.

Si queremos agradar a Dios, tenemos que hacer a un lado muchas cosas que nos apartan de nuestra fe. No puedes pasar tu vida viviendo entre dos aguas. Eso puede ser mortal para tu relación con el Señor.

Algo que nos ayuda es buscar la presencia de Dios en nuestras vidas cada día. Buscarle, conocerle, tener intimidad con Él, mientras más nos ejercitemos en esto, menos deseos habrá en nuestros corazones de hacer aquello que le desagrada.

El salmista, en el Salmo 15, habla acerca del carácter del que mora en Sión, cómo es su estilo de vida. Es alguien que camina en integridad. No hay mentira en sus labios y no hace mal contra su prójimo. A pesar de que se haya levantado engaño en su contra, no cambia contra aquellos que lo hayan hecho.

Pero lo más interesante de esto es que ese es el estilo de vida del que permanece en Sión. No es el que entra y sale, sino el que permanece. Si permanecemos en su presencia nuestro Dios nos transformará. No es el hecho de ser así para entrar a su presencia, sino que es ella quien nos hace de esa manera.

La presencia del Señor produce cambios en la vida del hombre. Cuando uno busca su presencia día a día, desea agradarle en todo. Surge en el corazón un deseo de vivir una vida apartada para Él, porque uno no quiere que nada afecte su relación con el Señor.

Siempre que queramos agradar al Señor procuraremos que nuestras decisiones estén de acuerdo a su voluntad, sin importar lo que nos pueda costar. Dios ve el deseo de nuestro corazón de obedecerle y esperar en Él, por lo que nunca seremos avergonzados (Salmo 25:1-3).

Un motivo por el cual constantemente clamamos al Señor en nuestra congregación es por las hermanas que están solteras y esperan un compañero de parte de Dios. Entiéndase mujeres preparadas para formalizar una familia y que se han guardado.

En este tiempo la mayoría de congregaciones cristianas están llenas de mujeres extraordinarias. Mujeres que han desarrollado una vida profesional y se han preparado para desenvolverse en un mundo tan competitivo como el que vivimos hoy. Sin embargo, no han podido encontrar un compañero con temor a Dios, y con visión de desarrollarse en la vida.

Esto ha traído como consecuencia el que algunas jóvenes hayan tomado la decisión de unirse con hombres que no temen a Dios. Cuando esto ha ocurrido algunas han terminado apartadas de la fe, otras han visto sucumbir sus matrimonios, mientras que otras han terminado muy lejos del propósito Dios para sus vidas.

Sin embargo, he visto mujeres que se han guardado para Dios y el Señor las ha honrado. Muchachas que teniendo pretendientes que no temían a Dios, prefirieron seguir esperando en el Señor, antes que unirse a un hombre que no tema a Dios. Probablemente en algún momento sintieron que Dios se había olvidado de ellas, pero vieron la respuesta de Dios.

He sido testigo de mujeres que aun de lejos Dios ha traído sus compañeros. Hombres que al igual que ellas se guardaron para el Señor. Ciertamente Dios honra a quienes le honran, y cuando alguien decide agradarle, Dios no le dejará en vergüenza.

C. *Tres características de la adoración*

1. Adoración con excelencia. La vida de adoración y búsqueda del rostro del Señor es lo que renueva al hombre cada día. No una vida de adoración liviana y religiosa, sino una de calidad con la que procuramos entrar a su presencia.

Una vida mediocre de adoración deteriora nuestra relación con el Señor. La vida mediocre de adoración se refleja aun en lo que se hace para el Señor.

Una mujer que procuró adorar con excelencia al Señor fue María. Estando Jesús en su casa de visita, María tomó un frasco de perfume de mucho valor y lo derramó sobre los pies del Señor. No lo hizo con un perfume barato, sino con uno de mucho valor.

A veces pensamos que no tenemos mucho para darle al Señor. Pero recuerda la historia de la viuda que le dio al Señor todo lo que tenía. Aquella mujer depositó en el altar de las ofrendas las monedas que menos valor tenían en su época. Pero era todo lo que tenía, y lo hizo con fe. Al hacerlo aquella mujer logró captar la atención del Señor. Jesús le dijo:

> *Les aseguro —dijo— que esta viuda pobre ha echado más que los demás. Todos ellos dieron sus ofrendas de lo que les sobraba; pero ella, de su pobreza, echó todo lo que tenía para su sustento.*
>
> LUCAS 21:3-4, NVI.

Evitemos caer en una manera mediocre de adorar a Dios. El Señor no merece una ofrenda marchita ni mucho menos sobras. No es el tiempo que nos sobra, ni el hacer las cosas de manera precipitada, ni al momento de ofrendar entregar lo que nos sobra. Eso no es adoración.

Nuestro Dios no es limosnero. Él merece lo mejor de nosotros. Cuando el Padre tuvo que dar una ofrenda, entregó lo mejor que tenía. No envió un ángel, ni un arcángel, serafín ni alguno de los veinticuatro ancianos. Envió a su Hijo Jesucristo, lo mejor que tenía. Eso debe servir de ejemplo para nosotros para que le demos lo mejor al Señor. Lo mejor de nuestro tiempo, lo mejor de nuestros bienes y el mejor empeño en las cosas que hacemos para Dios.

En el tiempo de los sacrificios, cuando la gente se acercaba a Dios, tenía que presentar una ofrenda. No cualquier ofrenda, tenía que ser una sin tacha, sin defecto, lo mejor. Esa es la ofrenda que Dios espera que le demos. No podemos decirle al Señor con nuestros labios que es lo primero y más importante en nuestras vidas si no estamos dispuestos a agradarle de una manera excelente.

Sé que es algo que cuesta sacrificio. Hacer las cosas con excelencia demanda mucho de nosotros. En una ocasión, David pecó contra Jehová. David censó al pueblo para saber con cuántas personas contaba para salir a la guerra. Eso desagradó al Señor y Dios puso a David a escoger entre tres castigos. David escogió uno pero luego, al ver la mortandad en medio del pueblo, se humilló.

Entonces Dios le dijo que le levantara un altar. Cuando David llegó a la tierra de Arauna, este le ofertó todo lo que él necesitara sin costo alguno. Sin embargo, David le dijo a Arauna: *"No, sino que por precio te lo compraré;* porque no ofreceré a Jehová mi Dios holocaustos que no me cuesten nada"* (2 Samuel 24:24).

Nuestra adoración nos va a costar. Debemos estar dispuestos para ello. Si deseamos agradar al Señor, tenemos que apartarnos de muchas cosas que nos agradan a nosotros, pero que nos impiden agradar a nuestro Dios.

La viuda pobre entregó su mejor ofrenda al Señor. Le dio todo lo que tenía, todo su sustento. Nosotros le decimos al Señor que le hemos entregado todo, pero cuando llega el momento de darle, sólo le damos una parte de lo que nos sobra. Aquella mujer se ganó la atención del Señor porque le dio todo. No es el tiempo que nos sobra, o si podemos. Cuando Él es el centro de nuestras vidas, todo gira en torno a Él.

2. Adoración espontánea. Nuestra manera de adorar a Dios debe ser espontánea. A nadie se debe manipular para darle a Dios. Toda ofrenda al Señor debe ser voluntaria y con un corazón agradecido. Cuando se hace con conciencia y con una buena actitud, entonces Dios abre sobre nosotros los cielos y el devorador sale corriendo.

El apóstol Pablo en 2 Corintios 9:7 nos muestra cuál debe ser nuestra actitud al momento de darle a Dios. No con tristeza ni haciendo un trueque con Dios. Debe asumir una actitud de regocijo y gratitud por la bendición de poder dar, porque si damos es porque tenemos. Si tenemos, es porque Él nos ha suplido.

En la casa del Señor la adoración debe fluir de manera espontánea. Esto es algo que debe salir del corazón. Habrá momentos en que nuestra carne se resista a adorar al Señor, pero recordemos a David. Cuando sentía eso, le decía a su alma: *"Bendice, alma mía, a Jehová, y no olvides ninguno de sus beneficios"* (Salmos 103:2). En otra ocasión escribió: *"¿Por qué te abates oh alma mía y por que te turbas dentro de mí? Espera en Dios; porque aun he de alabarle, salvación mía y Dios mío"* (Salmos 42:11). David siempre buscó motivos para alabar a su Dios. Nosotros deberíamos hacer lo mismo, y creo que tendríamos bastante.

El corazón quebrantado procura, en esta vida, agradar a Dios más que todas las cosas. Esa es la razón de su vivir, estar en el centro de su voluntad y vivir para los propósitos de Dios.

La vida cobra sentido cuando el hombre vive para agradar al Señor. No hay nada en la vida más agradable que poder servir a nuestro Dios. El corazón quebrantado procura agradar a Dios a través de todo lo que hace. Todo lo que hace lo hace en excelencia, porque sabe que Dios está por encima de todo, y merece lo mejor.

3. Adoración con carácter. La adoración no debe tomarse de manera ligera, ya que requiere carácter. El corazón quebrantado tiene un alto concepto de todo lo que está relacionado con las cosas del Señor. Eso lo mueve a darle carácter a lo relacionado con Dios.

Robert L. Cate en su libro *Teología del Antiguo Testamento* nos habla del uso del vocablo "gloria" en el Antiguo Testamento: "La palabra gloria es usada con mucha frecuencia para referirse a aquello que está relacionado con Dios. Esta palabra significaba originalmente 'pesado' o cualquier cosa que tuviera peso. Es fácil comprender cómo el término llegó a referirse a cualquier cosa. En ese sentido se usaba para hablar de riquezas, poder, éxito y victoria. Pero llegó también a usarse respecto a la reacción de una persona ante estas cosas. Esto se notaba especialmente cuando se aplicaba a Dios. Dios tenía gloria dentro de sí mismo, y la revelaba a los hombres. Pero los hombres, al responder ante Él, tenían que darle la gloria (significado, peso, importancia)".[8]

Debemos darle carácter a nuestra manera de agradarle. Es algo que debe tener mucho peso en nuestros corazones y no debe ser tomado con ligereza. El hombre con corazón quebrantado lo reconoce. Sabe lo que es el peso de su gloria y por eso procura agradar a su Creador con peso de gloria.

Nunca he olvidado una frase que escuché de mi profesor de seminario Arthur Haylock: "Los ángeles de Dios caminan con cuidado, en lugares que nosotros caminamos con ligereza". Los ángeles cuando están delante del Señor se postran ante su presencia. Saben delante de quién están, por lo que le rinden pleitesía. Por tanto, si creemos que Él habita en la alabanza de su pueblo, démosle carácter a su presencia.

El hombre con un corazón quebrantado es una persona que perdona, sabe amar, busca la gloria del Señor y en todo desea agradar al Padre celestial. Todo eso, por tanto, lo prepara para ser un instrumento valioso en las manos del Señor.

Prepárate ahora para lo que Dios desea hacer en tu vida. Este libro ha venido preparando tu corazón para esta hora. Al llegar al próximo capítulo, quiero decirte que te prepares para algo grande. Dios desea hacer en tu vida algo extraordinario, ya que un corazón quebrantado es un gran instrumento en las manos de Dios.

---

8. Cate, Robert L., *Teología del Antiguo Testamento*, Casa Bautista de Publicaciones, 1989, El Paso, Texas, p. 56.

Para reflexionar

1. ¿Qué piensas hacer para Dios?
2. ¿Apartas tiempo diariamente para tu intimidad con el Señor?

7

EL CORAZÓN QUEBRANTADO ES UN INSTRUMENTO EN LAS MANOS DE DIOS

Yo habito en la altura y la santidad, y con el quebrantado y humilde de espíritu, para hacer vivir el espíritu de los humildes, y para vivificar el corazón de los quebrantados.

ISAÍAS 57:15

Al llegar a este último capítulo sé que Dios ha ido tratando con varias áreas de tu vida. Todo lo que Dios ha permitido que leas en estas páginas es porque desea hacer de ti un poderoso instrumento en sus manos. Por eso, a través de este libro, has podido conocer las áreas que Él desea que fortalezcas en tu vida. Todo eso te prepara para cosas grandes.

Cuando el profeta Isaías inició su ministerio aceptó el llamado de una visión que tuvo con el Señor en el templo (Isaías 6). Vio a ese Dios grande, fuerte, poderoso y temible sentado en su trono, y sus faldas llenaban el templo. Isaías pensaba que moriría a causa del esplendor de la gloria de nuestro Dios. Ningún mortal puede ver a Dios cara a cara y permanecer sobre sus pies.

Ahora, ese Dios que es Alto y Sublime le dice a Isaías en el capítulo 57:15:

Yo habito con el quebrantado y humilde de espíritu, para dar vida al espíritu humilde y para vivificar el corazón quebrantado.

Cuando Salomón dedicó el templo de Jerusalén, le pidió a Dios que habitara en aquel lugar. Pero a pesar de ese pedido, estaba consciente de que si los cielos y la tierra no le podían contener, mucho menos aquella casa.

Sin embargo, ahora ese mismo Dios le dijo a Isaías que Él habita con *el quebrantado y humilde de espíritu*. Ese Dios tan maravilloso está junto a aquel que ha sabido humillarse delante de su presencia. Él está al lado de aquel que ha reconocido que no hay otro Dios tan grande como Él y le ha rendido todas sus fortalezas.

Es posible que mientras leías este libro identificaras algún momento de tu vida en que fuiste quebrantado por el Señor. Mientras lo escribía, yo mismo no pude evitar que mis ojos se llenaran de lágrimas al recordar momentos en mi vida en los que fui quebrantado. Pero quiero recordarte la promesa que Dios nos dio en su Palabra: Él daría vida, levantaría y soplaría aliento al corazón quebrantado. Dios es quien enjuga nuestras lágrimas y nos consuela en medio del dolor. Es ese mismo Dios el que promete vivificarnos y estar siempre a nuestro lado.

Es el hombre con un corazón quebrantado y humilde, el que conmueve el corazón del Señor. Cuando el ego se ha rendido a sus pies y hay un reconocimiento de que apartados de Él no podemos lograr nada, entonces Él se manifiesta. Cuando rendimos todas nuestras fortalezas a sus pies, Él entra con libertad por las puertas de nuestros corazones.

En la primera bienaventuranza del Sermón del Monte, Jesús empieza diciendo: *"Bienaventurados los pobres en espíritu, porque de ellos es el reino de los cielos"* (Mateo 5:3). Su reino es para ese tipo de persona. Gente que habiendo reconocido su bancarrota espiritual, le han entregado todo su ser al Señor. Ahora su reino (el control de sus vidas), le pertenece al Señor. Ese es el carácter del verdadero discípulo del Señor Jesucristo.

En una parte del Padrenuestro, Jesús nos enseña a decirle al Padre: *"Venga a nosotros tu reino"*. Pero recuerda que para eso tienes que estar dispuesto a entregar el tuyo.

Dios está más interesado en corazones quebrantados que en grandes edificios. Está buscando personas sencillas y comunes para hacerlas extraordinarias. No está esperando preciosos púlpitos e impactantes tarimas para mostrar su gloria. Lo único que busca es personas que dispongan su corazón y le digan: Yo quiero tener un corazón como el tuyo. Él mira de lejos a los soberbios, en cambio les da gracia a los humildes. Se aleja de aquellos que deciden confiar en sus fortalezas y habilidades, pero derrama una gracia especial sobre los que se han quebrantado. Es ese tipo de persona la que mueve el corazón de Dios. Gente de las cuales Dios puede decir: "Contigo puedo hacer lo que deseo".

La Biblia está llena de extraordinarios hombres y mujeres que, con sus vidas y ministerios, impactaron la humanidad. Todos esos personajes fueron preparados por el Señor para la tarea que luego debían cumplir. Fueron personas a las cuales Dios tuvo que quebrantarles el corazón, pero luego sus vidas se transformaron y Dios pudo hacer grandes cosas con ellos.

Él desea usarte de una manera extraordinaria. Las cosas que has vivido hasta ahora han sido una fase preparatoria para lo que Dios hará contigo. Ninguna experiencia de las que has vivido ha sido en vano. Probablemente ha llegado la hora en que el Espíritu Santo te ha hablado de lo que desea hacer contigo.

José fue alguien que se convirtió en un valioso instrumento en las manos del Señor. Sin embargo, José tuvo que vivir algunas experiencias que le prepararon para entrar en aquella dimensión especial que Dios tenía para él. Antes de convertirse en el primer ministro de Egipto, Dios preparó su carácter. Desde sus diecisiete años José tenía la revelación del plan de Dios para su vida.

Mientras estuvo en su casa era el hijo consentido de su padre. En algunas ocasiones se comportaba hasta de manera arrogante y jactanciosa, despertando la envidia entre sus hermanos (Génesis 37:2, 3, 5-8). Esto provocó que se ganara el desprecio de sus hermanos quienes lo vendieron como esclavo a unos ismaelitas.

Desde ese momento José comenzó a experimentar su proceso de quebrantamiento. Dios usó ese tiempo para prepararle para el propósito que tenía con su vida. Pasó muchas experiencias difíciles, pero Dios siempre estuvo con él. De ser el hijo mimado de la casa, se convirtió en el sirviente de otro. Luego fue a la cárcel, y desde allí lo levantó el Señor hasta llevarlo a la misma presencia del Faraón donde se convierte en el primer ministro de Egipto.

Dios cumplió su propósito en la vida de José. Es importante señalar que ninguna de aquellas experiencias amargaron o frustraron la vida de José. Muestra de ello es que cuando nacen sus hijos al primero lo llama Manasés porque dijo: *"Dios me hizo olvidar todo mi trabajo, y toda la casa de mi padre"* (Génesis 41:51). Cuando nace el segundo le llama Efraín porque dijo: *"Dios me hizo fructificar en la tierra de mi aflicción"* (Génesis 41:52).

Cuando los hermanos de José descendieron a Egipto en busca de alimento José tenía la vida de ellos en sus manos. En aquel momento bien pudo tomar venganza. Sin embargo, no se dejó guiar por su pasado. Estaba convencido que Dios había permitido todo aquel mal que sus hermanos le hicieron, para la salvación de su familia. Cuando los tuvo de frente les dijo: *"Ahora, pues, no os entristezcáis ni os pese haberme vendido acá, porque para salvar vidas me envió Dios delante de vosotros".* (Génesis 45:5)

José entendió el propósito de su experiencia de quebrantamiento. No se estacionó en la queja y la depresión. Siguió adelante hasta alcanzar la promesa de Dios para su vida.

La reina Ester fue una joven que perdió a sus padres y llegó como esclava a Babilonia. Fue criada por su tío Mardoqueo, que cuidó de ella como una hija. Sin embargo, aquellas experiencias no la hundieron en la depresión ni la amargura. Se convirtió en la reina de Media y Persia. Cuando se dictó el edicto en contra de los judíos por parte de Amán, fue el instrumento de Dios para salvar a su pueblo.

De manera que las cosas que has vivido te han preparado para que Dios haga algo grande contigo. Ahora la decisión es tuya: Seguir viviendo una vida llena de rencor contra otras personas, encerrarte en ti mismo caminando por un valle de oscuridad; o abrirle tu corazón al Señor, y derribar en tu ser interior toda fortaleza que impida la obra de Dios en tu vida.

Estoy convencido de que si este libro ha llegado a tus manos, es por un propósito: traer sanidad a tu corazón, que tu vida sea restaurada por Dios y puedas comenzar a vivir lo que Dios te ha prometido.

Es mi oración al Señor que forme en ti un corazón quebrantado. Una persona que ve cada experiencia de su vida como una preparación para algo mayor por parte de Dios.

Adelante, no te detengas, todavía Dios no se ha olvidado de ti. Largo camino te resta. Que el Señor te bendiga rica y abundantemente ¡Amén!

BIBLIOGRAFÍA

Barclay, William, *Palabras griegas del Nuevo Testamento,* Casa Bautista de Publicaciones, El Paso, Texas, 1977.

Blanchard, Ken, *Un líder como Jesús,* Publishing Group, Nashville, Tennessee, 2006.

Boyer, Orlando, *Biografías de grandes cristianos,* Editorial Vida, Miami, FL, 2001.

Cate, Robert L., *Teología del Antiguo Testamento,* Casa Bautista de Publicaciones, El Paso Texas, 1989.

Criswell, W.A. *El pastor y su ministerio,* Casa Bautista de Publicaciones, El Paso, Texas, 1999.

Talk, D.C., *Locos por Jesús,* Editorial Unilit, Miami, Florida, 2000.

Warren, Rick, *Una vida con propósito,* Editorial Vida, Miami, Florida, 2002.